21세기 무한경쟁의 생존전략

기업 정보화 요인과
전략적 제휴

21세기 무한경쟁의 생존전략

기업 정보화 요인과
전략적 제휴

김치호 著

 한국학술정보㈜

책 머리에

　전략적 제휴는 1980년대 중반 이후 기업의 경쟁력 유지와 새로운 경쟁우위의 창출을 통해 기업의 생존과 성장을 가능하게 해주는 주요한 전략적 대안으로서 그 가치가 점차 증대되고 있다. 이러한 현상은 급변하는 경영 환경과 점차 치열해지는 기업 간 경쟁으로 인한 기업경영의 불확실성이 반영된 결과라 할 수 있다. 즉, 과거와는 달리 어떠한 기업도 경쟁에 필요한 모든 정보와 자원을 소유할 수 없게 됨에 따라 자신이 보유하지 못한 비대칭적인 정보와 자원을 보유한 다른 기업과의 협력이 필수적인 사항이 되었으며, 경쟁력 강화와 기업의 생존을 위해서는 경쟁업체와도 제휴를 시도하는 등 이전에는 볼 수 없었던 새로운 양상이 나타나고 있다.

　특히, 현재의 기업 환경에서 모든 자원에 대한 효율적인 이용이 절실히 요구되고 있음을 감안할 때 국제경쟁력 확보와 밀접한 관련을 가지고 있는 전략적 제휴유형 선택의 문제와 제휴파트너 간의 정보 및 지식, 핵심역량, 경영자원, 고객 등의 공유를 용이하게 하는 기업 정보화 요인을 제휴의 주요 결정요인으로 포함시킨 보다 면밀한 분석이 필요하다. 특히 그동안의 연구에서 소외되어 왔으나 그 중요도가 점차 증가하고 있는 기업 정보화 요인들에 대한 면밀한 분석이 필요하다. 이에 따라 본 연구는 기업의 전략적 제휴유형 선택에 영향을 미치는 정보화 요인을 도출하고, 각각의 요인이 제휴유형 선택에 어떠한 영향을 미치는가를 실증적으로 분석하여 기업의 전략 수립 시 이론적 근거를 제공하는 데 초점을 두었다.

본 연구의 결과는 다음과 같이 요약할 수 있다. 먼저 기업 정보화 요인이 제휴파트너 간 친밀도에 미치는 영향과 관련해서는 내부 정보시스템의 지원수준, 정보시스템의 비용효과, 정보화 관련 비용증가위험 등이 제휴파트너 간 친밀도에 유의적인 영향을 미치며, 내부 정보시스템 요인 역시 친밀도에 유의적인 영향을 미치는 것으로 나타났다. 다음으로 기업 정보화 요인이 제휴의 지분참여도에 미치는 영향과 관련해서는 내부 정보시스템과 관련된 모든 요인과 정보화 위험요인 관련 변수 가운데 비용증가위험 관련 가설이 지지되는 것으로 나타났다. 기업 정보화 요인이 전략적 제휴의 유형 선택에 미치는 영향과 관련해서는 내부 정보시스템과 관련 변수인 내부 정보시스템의 품질수준, 지원수준, 비용효과와 비용증가위험이 전략적 제휴유형 선택에 대해 통계적으로 유의적인 영향을 미치는 것으로 조사되었다. 마지막으로 기업 정보화 요인과 제휴유형 선택의 문제를 보다 명확하게 측정하기 위하여 다수의 선행연구들에서 기업의 전략적 제휴유형 선택에 영향을 미치는 주요 결정요인인 것으로 파악되었던 제휴 지분참여도 및 제휴파트너 간 친밀도와 제휴유형 간의 관계와 관련해서는 파트너 간 친밀도와 관련된 모든 가설과 지분참여의 정도와 관련된 두 개의 가설이 실증분석 결과에 의해 지지되는 것으로 조사되었다.

이외에도 본 연구가 국내기업의 국제 전략적 제휴의 유형 선택과 관련하여 여러 가지 학문적·실무적 시사점을 제공하고 있으나, 기존의 연구들이 크게 관심을 두어 오지 않았던 분야에 관한 연구였다는 점에서 여러 가지 한계를 지닌다고 할 수 있다. 따라서 향후 이러한 문제점들을 수정·보완하는 지속적인 연구가 수행됨으로서, 국제 전략적 제휴 전반의 학문적·실무적 영역을 더욱 확대시키며, 전략적 제휴의 전반적 흐름에 관한 이해를 규명하고자 하는 연구자들의 노력이 요구된다.

본 연구는 필자의 부족함으로 여러 면에서 부족하고 빈약한 저서가 되었음을 느낀다. 하지만 앞으로 지속적인 연구와 노력을 통해 이러한 점을 보완해 나가고자 한다.

본 연구가 마무리되기까지 많은 분들의 도움과 격려가 있었다. 특히 어려울 때마다 모든 면에서 도움을 아끼지 않으신 박의범 교수님을 비롯한 여러 분의 은사님들과 출판을 쾌히 허락하신 한국학술정보(주) 관계자분들께 진심으로 감사드린다.

김 치 호

차 례

표 차례

그림 차례

I. 서 론

1. 문제의 제기

1990년대 이후 더욱 심화되고 있는 기업 간 경쟁과 급변하는 기술 및 비즈니스 환경은 기업들에게 활동범위 및 사업내용 등 기업전반에 걸친 변화를 요구하기에 이르렀다. 기업들은 이러한 상황에 적절히 대응하기 위한 전략적 대안으로 국제 전략적 제휴(international strategic alliance)를 선택하는 사례가 늘고 있으며, 이는 제휴 관련 연구의 증가로 이어지고 있다(노형봉, 서운주, 2001; 김주헌, 2002).

전략적 제휴는 1980년대 중반 이후 단순한 경영혁신기법으로서가 아니라 정보, 기술 및 고객욕구의 급격한 변화와 기업 간 경쟁 격화의 시대에 기업이 경쟁을 유지하고 새로운 경쟁우위를 창출함으로써 기업의 생존과 성장을 도모할 수 있는 하나의 전략적 대안으로서 그 가치가 점차 증대되고 있다(박기남, 김종원, 2003). 이러한 전략적 제휴의 대두는 글로벌화(globalization)의 촉진에 기인한 바 크다. 즉, 기업전략의 변화와 소비자들의 욕구 변화, 그리고 기술의 급속한 발전과 끊임없는 확산 등 글로벌화로 인해 이전과는 전혀 다른 양상의 경영 환경이 조성됨에 따라 어떠한 기업도 경쟁에 필요한 모든 자원을 소유할 수 없게 되었다. 따라서 자신이 보유하지 못한 비대칭적인 자원을 보유한 다른 기업과의 협력(cooperation)이 불가피해지게 되었으며, 기업들은 경쟁력 강화를 위해서 자국의 경계선을 넘어 유관 업계의 다른 기업들과는 물론, 동종 산업 내 경쟁업체와도 전략적 제휴를 시도하고 있다 (Cash, McFarlan, Mckenney and Applegate, 1992).

전략적 제휴를 통해 기업들은 제휴파트너와 자원과 정보 및 비용 등을 공유함으로서 위험을 감소시키고 새로운 이윤 획득의 기회를 확보할 수 있게 되었다. 특히, 현재의 기업 환경에서 모든 자원에 대한 효율적인 이용의 필요성이 절실히 요구되고 있음을 감안할 때 국제 경쟁우위 확보와 밀접한 관련을 가지고 있는 제휴유형 선택의 문제와 제휴파트너 간의 정보 및 지식, 핵심역량, 경영자원, 고객 등의 공유를 용이하게 하는 기업 정보화 요인을 제휴의 주요 결정요인으로 포함시킨 보다 면밀한 분석이 필요하다. 그러나 이러한 현실에도 불구하고 지금까지 진행되어온 대부분의 전략적 제휴 관련 선행연구들은 제휴동기와 제휴파트너의 특성이 파트너 선정과 성과에 어떠한 영향을 미치고 있는가에 초점이 맞추어져 있었으며(Chung et al., 2000; Harrigan, 1988; Parkhe, 1991; 김이태, 1997), 제휴의 유형 선택 및 기업 정보화 요인과 관련된 이론연구 및 실증분석은 매우 부족한 실정이다. 특히, 제휴유형 선택은 기업의 국제 경쟁우위 확보 및 기업의 성과와 밀접하게 관련되어 있기 때문에 각각의 제휴의 선택에 영향을 주는 요인들, 특히 그동안의 연구에서 소외되어 왔으나 그 중요도가 점차 증가하고 있는 기업 정보화 요인들에 대한 면밀한 분석이 필요하다.

2. 연구의 목적

본 연구의 목적은 제휴유형을 선택하는 데 있어서 영향을 미치는 정보화 요인을 도출하고, 각각의 요인이 제휴유형 선택에 어떠한 영향을 미치는가를 분석하여 기업의 전략 수립 시 이론적 근거를 제공하는 데 있다.

이를 위해 제휴유형 선택을 설명하는 데 있어서 기업 정보화 요인의 상대적 중요성과 제휴유형 선택에 영향을 미치는 요인 간의 관계를 실증적으로 검토·분석하고자 한다. 이러한 연구목적을 달성하기 위하여 첫째, 기업 정보시스템 관련 변수들이 제휴유형 선택에 미치는 영향을 분석한다. 즉, 내부 정보시스템의 품질수준, 정보시스템의 지원수준, 정보시스템의 비용효과 등의 변수가 제휴유형 선택에 있어 얼마나 영향을 미치는지를 분석한다.

둘째, 기업 정보화 관련 위험이 제휴유형 선택에 미치는 영향을 분석한다. 핵심역량 상실위험, 비용증가위험, 안전성 위험 등 제휴체결 시 발생할 수 있는 정보화 관련 위험이 기업의 제휴유형 선택에 관한 의사결정 과정에 미치는 영향을 분석한다.

이 같은 연구목적은 기업의 제휴유형 선택 시 각 요인들과의 관계를 체계적으로 파악하고, 각 요인들이 제휴유형 선택 시 미치는 영향을 검토할 수 있다는 점에서 큰 의의를 지닌다고 할 수 있다.

3. 연구의 방법

이 책은 문헌연구와 실증분석을 병행하여 실시하였다. 먼저 전략적 제휴에 관한 기본적인 개념 정립을 위하여 기존의 문헌연구를 실시하고, 전략적 제휴의 유형 선택에 영향을 미치는 정보화 관련 요인들을 도출한다. 다음으로 국제 전략적 제휴의 경험이 있는 국내기업들을 대상으로 한 실증분석을 통하여 전략적 제휴유형 선택에 있어서 기업 정보화 요인과의 관계를 규명하고자 한다.

실증분석은 전략적 제휴의 빈도가 높고, 제휴의 목적 역시 다양한 국내 1,000대 기업을 대상으로 하였으며, 자료의 수집은 우편, fax, e-mail 등의 우송질문법과 직접 방문을 통한 면접법을 병행하여 실시하였다.

4. 연구의 구성

본 연구는 총 6개의 장으로 구성되었다.

I장은 서론 부분으로 문제의 제기와 연구목적, 연구방법 및 논문의 구성체계에 관하여 서술하였다.

II장은 이론적 배경으로서 전략적 제휴의 의의, 제휴의 유형 및 동향에 관하여 살펴보았고, 전략적 제휴의 주요 연구관점 및 선행연구의 고찰을 통하여 실증분석을 위한 연구모형 및 연구가설 설정에 필요한 정보를 획득하였다.

III장에서는 문헌연구를 통해 획득한 정보들을 토대로 하여 실증분석을 위한 연구모형을 설계하고 연구가설을 설정하였다.

Ⅳ장은 연구 조사방법을 설명하는 부분으로서 변수의 조작적 정의 및 측정, 자료 분석방법 등에 관하여 설명하였다.

Ⅴ장은 실증분석과 결과해석 부분으로 표본의 설계 및 자료의 수집과정을 설명하고, 연구가설을 검증하였다.

Ⅵ장은 결론 부분으로 본 연구를 간략히 요약하고, 이를 통한 연구의 이론적·실제적 의미와 시사점을 도출하고, 마지막으로 향후 연구의 한계 및 문제점을 지적하고 향후 연구의 방향을 제시하였다.

본 연구의 구성을 도시해 보면 아래 〈그림 Ⅰ-1〉과 같다.

<그림 Ⅰ-1> 연구의 구성

제Ⅰ장 서 론

· 문제의 제기
· 연구의 목적
· 연구의 방법 및 논문의 구성

제Ⅱ장 이론적 배경

· 전략적 제휴의 의의
· 전략적 제휴의 유형
· 전략적 제휴의 동향
· 전략적 제휴유형 선택의 주요 연구관점
· 선행연구의 고찰

제Ⅲ장 연구의 설계

· 연구모형의 설계
· 연구가설의 설정

제Ⅳ장 연구의 설계

· 변수의 정의 및 측정
· 자료 분석방법

제Ⅴ장 실증분석

· 표본설계 및 자료의 구성
· 신뢰성과 타당성 분석
· 연구가설의 검증

제Ⅵ장 결 론

· 연구결과의 요약 및 시사점
· 연구의 한계점과 향후 연구에의 제언

Ⅱ. 이론적 고찰

1. 전략적 제휴의 의의

1) 전략적 제휴의 개념

전략적 제휴(Strategic Alliance)란 기업들 간에 제품, 기술, 또는 서비스의 공동개발, 공유, 교환에 관련된 자발적인 조직의 협력을 말한다(Gulati, 1998). 제휴에 참여하는 기업들은 공통의 전략적 목표를 달성하기 위해 협력적 계약을 맺게 되는데(Contrator and Lorange, 1988), 이러한 계약은 기업들 사이에 자발적으로 발생하며 계약의 내용은 위험과 이익의 공유, 활동의 분담 및 투입물의 지속적 제공 등이 포함되며, 이를 근거로 상호 이익을 추구하는 전략적 관계를 갖게 된다(Hergert and Morris, 1988).

또한, 전략적 제휴는 참여하는 모든 주체들이 위험과 이익 등을 공유하면서 상호 협력을 바탕으로 장기적인 의사결정에 참여하는 과정이기도 하다(Henderson, 1990). 기업 간 경쟁전략의 관점에서 전략적 제휴는 기업 간의 정형적이면서도 장기적인 관계로서 연합의 형태를 띠게 되는데, 이는 양 주체의 정체성(identity)이 소멸되는 합병과는 구분된다. 단지 사업의 여러 측면에서 일정한 관계를 맺고 있는 것을 의미한다(Porter, 1986).

Yoshino와 Rangan(1995)은 전략적 제휴를 첫째, 두 개 또는 그 이상의 기업들이 독립된 정체성을 유지하면서 상호 동의한 목표의 달성을 위하여 결합하고, 둘째, 파트너기업은 제휴의 이익을 공유하고 각자에게 주어진 임무 및 성과를 통제하며, 셋째, 파트너기업은 기술, 제품 등과 같이 하나 또는 그 이상의 주요 전략 분야에서 연속적으로 공헌하는 활동이라고 정의하였다.

또한, 홍유수(1994)는 둘 이상의 기업이 경쟁력 제고를 목표로 경영자원을 공유하거나 협업하는 일정기간 동안의 지속적 협력관계로 정의하고, 국제기업 간의 전략적 제휴를 서로 다른 국가에 속한 기업들이 연구개발, 기술, 생산, 판매 등 부가가치 활동의 어느 한 측면 또는 다수의 측면에서 협력하여 공동의 이익을 추구하는 것으로 서로의 경영권에 간섭하지 않는다는 점에서 기업합병보다 약한 형태의 협력관계라고 보았다.

이렇듯, 전략적 제휴에 대한 정의는 이처럼 연구자들에 따라 조금씩 차이를 보이고 있으며, 전략적 제휴를 의미하는 용어도 협력(cooperation)이라는 표현이 가장 일반적이고 포괄적인 의미로 사용되고 있으나, 이외에도 협력사업(cooperative ventures 또는 collaborative ventures), 협조(collaborations), 협력계약(collaborative agreements), 조직 간 연계(interorganizational linkages), 협력적 연계(coalitions), 파트너십(partnerships), 네트워크(networks), 합작사업(joint ventures), 연합(linkage) 등과 같은 다양한 표현들이 함께 사용되고 있다(박준용, 2001).

전략적 제휴에 관한 용어 및 정의를 정리해보면 아래 〈표 Ⅱ-1〉과 같다.

<표 Ⅱ-1> 전략적 제휴 관련 용어 및 정의

용 어	연 구 자	정 의
Strategic Alliance	Harrigan(1984) Ohamae(1989) Lorange & Ross(1992)	범세계적 경쟁우위의 획득이라는 공동목표의 달성을 위한 둘 이상의 기업들 간의 수평적 연계활동
Value-Added Partnership	Jonnston & Lawrence (1988)	전반적인 부가가치 사슬을 이용하여 재화, 유통 및 서비스를 관리하기 위한 기업 간의 협력
Network	Thoreli(1986)	둘 또는 그 이상의 조직들이 장기간에 걸쳐 관계를 맺고 있는 상태
International Corporate Linkage	Miner, Amburgu & Strearns(1990)	상이한 국가에 위치하고 있는 기업들이 세계 시장에서 전략적 우위를 확보하기 위해 체결하는 조직 간의 계약
Alliance Network	G. Casseres (1994)	공동의 목적을 이루기 위해 다수의 기업들이 그룹을 형성하여 상호 연결된 형태의 일종의 협상
Collaborative Venture	Mowery(1989)	모든 기업활동 분야의 상호 협력, 상대방의 기여, 기대, 수요의 다양성에 대한 반응, 제품, 자본, 기술의 흐름을 지원하기 위한 상호 보완적인 자원의 결합형태
Coalition	Porter & Fuller(1986) Sharp(1987)	합병의 수준까지는 이르지 못하였으나, 기업 활동의 일정영역에서 기업 간에 이루어지고 있는 공식적·장기적 제휴
Hybrid Organizational Agreement	Powell(1987) Shane(1996)	생산, 연구, 마케팅 유통 등에서 발생하는 비시장, 비관료적 협력
Collaborative Agreement	Morris & Hergertt(1987)	시장거래와 완전합병 사이의 형태로, 공통된 목적을 공유하기 위한 기업 간의 연계
International Collaborative Agreement	Morris & Hergertt(1987)	공유된 목표를 공동으로 달성하기 위한 기업들 간의 연계활동

자료: 고혜석(2001), 조정윤(2001), 기노경(2000), 변형균(1997), 김이태(1995) 등의 연구에서 발췌·연구자 정리.

이처럼 전략적 제휴와 관련된 용어들이 다양한 것은 전략적 제휴가 그만큼 넓은 영역에서 적용되고 있다는 것을 의미할 수도 있으나(Buckley and Casson, 1988), 그보다는 연구자에 따라 제휴로 인해 달성하고자 하는 목적에 대한 관점이 조금씩 차이를 보이기 때문이라고 파악하는 것이 보다 타당할 것이다.

최근의 제휴는 이용, 형태 및 기업전략의 중요성 측면에서 과거의 제휴와는 다른 특성을 보이고 있다. 첫째, 최근의 제휴는 장기적이고 반복적이며, 제한적인 단일 분야에 대한 협력이 아닌 다수 분야를 대상으로 하는 통합적인 성격을 띠고 있다는 것이다. 둘째, 과거 두 기업 간의 협력이 대부분이었던 제휴가 최근에는 세 기업 이상으로 확대되고 있다는 것이다. 셋째, 최근의 제휴는 여러 전략적 대안에 대한 차선책이 아닌 기업 간 협력에 있어 전략의 중심이 되고 있다는 점이다. 즉, 최근 기업들에 있어서 전략적 제휴가 크게 증가하고 있는 것은 단순히 시대적 조류에 의한 일시적인 현상이 아니라 기업의 당면한 문제들을 해결할 수 있는 가장 최상의 방법이라고 이해해야 할 것이다(Jarillo, 1988).

전통적 기업협력과 전략적 제휴를 비교해 보면 아래의 〈표 Ⅱ-2〉와 같다.

<표 II-2> 전통적 기업협력과 전략적 제휴의 비교

구 분	전통적 기업협력	전략적 제휴
목표시장	국지시장, 제한적	범세계적, 표준적
동기 및 목적	위험절감, 비용절감과 같은 경제적 보완 목적	기술혁신에의 대응, 규모의 경제추구, R&D 비용 및 위험의 감소, 경쟁우위의 확보
파트너와의 관계	주로 선진국과 후진국기업 간 수직적 분업체계, 경쟁미약	주로 선진국 경쟁기업 간 산업 내·수평적 네트워크, 경쟁 활발
협력 영역 및 방향	기술이전 등 단순 영역 (단방향)	공동기술개발, 업무제휴, 지분참여 등 광범위한 영역(쌍방향)
참여자의 수	소수(대개 2개 기업)	다수(대개 3개 기업 이상)
협력형태	정형적, 단위계약	비정형적, 복합계약
협력분야	단위사업, 제한적	복수사업, 유기적
대상기간	단기, 일회성	탄력적, 제협상
형 태	기술라이센싱, 자회사 설립을 위한 합작투자, 단위계약	교차라이센싱, 합작투자, 컨소시움 형성, 복합계약

자료: 홍유수(1994), 함명애(1999)의 연구 수정·보완.

2) 전략적 제휴의 동기

(1) 본원적(genetic) 동기

시장 내에서의 전략적 제휴의 동기를 전략적으로 파악하면 두 가지 관점으로 나누어 볼 수 있다.

첫째, 제휴사업의 상대적 중요성으로 파악하는 관점이다. 이는 전략적 제휴를 고려하고자 하는 사업이 해당기업의 핵심(core)부문에 관한 것인가 아니면 그다지 중요하지 않은 주변(peripheral)분야인가에 관한 문제이다.

둘째로, 기업의 상대적 강점의 함수관계로 보는 관점이다. 이는 모 기업이 선도기업(leader)인가, 추종기업(follower)인가와 관련된 문제이다. 여기서 선도기업이란 높은 시장점유율, 주도적인 기술력 및 우수한 제품 품질력 등을 보유한 기업을 의미한다.

Lorange와 Ross(1992)는 상술하였던 두 관점을 종합적으로 고려하여 전략적 제휴를 방어(defend), 따라잡기(catch up), 현상유지(remain), 재구축(restructure) 등으로 구분하고 이를 전략적 제휴의 본원적 동기라고 정의하였다.

전략적 제휴의 본원적 동기를 정리하면 아래의 〈표 II-3〉과 같다.

〈표 II-3〉 전략적 제휴의 본원적 동기

구 분		해당시장에서의 모 기업의 위치 (business market position)	
		선도기업 (leader)	추종기업 (follower)
모 기업 사업 분야의 전략적 중요성	핵심 분야	방어 (defend)	따라잡기 (catch up)
	주변 분야	현상유지 (remain)	구조조정 (restructure)

자료: 기노경, "대기업과 벤처기업의 전략적 제휴 성공요인에 관한 연구", 연세대학교 석사학위논문, 2000. 12., p.10.

첫째, 방어(defend)란 제휴하고자 하는 사업이 모 기업의 핵심사업 분야이며 모 기업이 해당사업 분야에서 선도기업일 경우, 시장과 기술에 대한 접근과 자원의 안정적 공급을 목적으로, 즉 해당사업을 방어할 목적으로 제휴가 이루어지는 것을 의미한다. 그 밖에 신제품개발, 저가의 원료 및 제품의 획득 등이 제휴의 동기가 될 수 있다.

둘째, 따라잡기(catch up)란 제휴하려는 사업이 모 기업의 핵심 분야이며, 모 기업이 해당시장에서 추종기업일 경우에 성립되는 제휴를 의미한다. 즉, 제휴하고자 하는 사업이 기업의 생존에 직결되는 분야이며, 해당사업의 경쟁적 지위 강화가 제휴의 목적이 된다.

셋째 현상유지(remain)란 모 기업은 해당시장에서 선도기업이나 제휴하고자 하는 사업은 모 기업의 핵심사업 분야가 아닌 경우 해당사업의 존속을 위하여 맺는 제휴관계를 의미한다.

마지막으로 구조조정(restructure)이란 제휴하고자 하는 사업이 모 기업 전체사업의 주변사업이며 모 기업 역시 해당시장에서 추종기업의 위치에 있을 경우에 모 기업은 제휴를 체결하여 해당사업의 경쟁력을 강화하거나 그 사업을 포기해야 하는 선택의 상황에서 전자를 선택하게 되는 경우에 해당되는 제휴의 동기를 의미한다.

(2) 일반적 동기

기업들이 전략적 제휴를 선택하는 일반적인 동기는 다음과 같다.

첫째, 규모의 경제를 실현함으로써 경제적 이익을 얻기 위함이다. 기업들은 전략적 제휴를 통해 제휴기업 간 분업이 가능해짐으로서 규모의 경제의 효과를 얻을 수 있으며, 제휴에 참가한 기업들의 상대적인 경쟁우위요인을 특화하여 효율의 증대 및 비용의 감소를 통하여 경쟁우위를 확보할 수 있다(Kogut, 1988). 또한 기업규모를 능가하는 시장의 잠재적 수요가 존재할 경우 제휴기업 간의 협력을 통한 효율적 시장관리가 가능해 진다.

둘째, 위험과 비용을 공유함으로써 강점을 극대화하고 약점을 보완하고자 하는 동기에서 이루어진다. 단일기업이 시장에서 요구하는 핵심적인 성공요인을 모두 확보하는 것은 사실상 불가능하다. 또한 최근 들어 시장의 글로벌화, 기술의 복잡화 및 전문화 등으로 연구개발비용 및 초기 투자비용이 크게 증가하고 있기 때문에 위험을 관리하고 비용을 공유할 수 있는 전략적 제휴는 기업들에게 매우 적합한 전략적 대안이 되고 있다.

셋째, 신제품 개발에 소요되는 시간을 단축하고 시장진입의 속도를 높이려는 동기에서도 전략적 제휴가 이루어진다. 일반적으로 경쟁기업보다 빠르게 시장에 진입할수록 높은 수익을 보장받을 수 있으며, 초기 진입자로서의 다양한 우위를 누릴 수 있게 된다. 또한 이와 같은 시간에 의한 경쟁우위(time-based competition)는 점차 그 중요성이 커지고 있는 실정이다. 그러나 어떤 기업도 시장진입 속도를 높이기 위해 필요한 자원을 모두 보유하고 있지는 못하기 때문에 상호 대칭적인 자원을 보유한 기업들끼리 전략적 제휴를 시도하는 경우가 많다.

넷째, 제휴기업들로부터 중요한 기술이나 경영 노하우 등을 배우기 위한 동기에서 이루어진다(Walker, 1988). 이 같은 목적을 이루기 위해서는 상대적으로 장기간의 제휴가 필요하며, 정보의 노출에 있어서도 제휴당사자 간에 상호 대등한 수준의 정보의 공개가 필요하다.

다섯째, 세계시장에서 경쟁기업 간의 과도한 경쟁을 방지하고 사업의 효과를 제고하려는 동기에서 경쟁기업 간 제휴가 추진되고 있으며, 경쟁기업 간의 경쟁방식에 대한 암묵적 담합의 촉진수단으로서도 이용되고 있다. 그러나 기업 간의 제휴를 통한 상호작용은 암묵적 담합이 이루어 질 수 있는 사회적 환경을 조성하는 데 큰 역할을 한다(Burgers, Hill and Kim, 1993). 특히 산업의 구조가 제대로 형성되어 있지 못한 태동기의 산업에 있어서는 선도기업들 간의 제휴를 통한 산업표준이 형성되기도 한다.

여섯째, 타 기업과의 제휴는 불확실성의 관리 측면에서 중요한 전략적 대안이 되고 있다. 날로 심화되고 있는 초경쟁의 시장 환경하에서 기업들은 어떤 전략을 선택하는 것이 효과적인지를 파악하기가 어려운 실정이다. 이러한 불확실성의 증대와 경쟁이 심화되는 상황에서 제휴는 기업들의 진입과 관련된 비용의 투입 없이 새로운 시장에 진입할 수 있는 교두보를 마련해줌과 동시에 경쟁전략의 보완수단으로 이용될 수 있다. 이와 관련된 현상은 특히 첨단산업에서 많이 나타나게 되는데, 이는 첨단산업이 기술, 시장, 경쟁영역의 불확실성에 직면하고 있기 때문이다.

2. 전략적 제휴의 유형

전략적 제휴의 유형은 학자별, 연구관점별로 큰 차이를 나타내고 있다. 제휴유형은 일반적으로 전략적 의도나 경쟁우위에 대한 기여, 제휴의 발전단계, 작업과 조직의 구성, 지분참여의 유형, 파트너와의 협력관계, 산업의 종류 및 파트너 상호간의 의존도 등으로 분류할 수 있다.

1) 개별 거래유형별 분류

(1) 기술제휴

기술제휴는 제휴 참가기업들이 상대방의 기술, 특허, 노하우 등을 도입하여 취약기술을 보완하고 기술력 격차를 해소하며 기술 개발의 위험을 줄이기 위한 목적으로 체결하는 협력관계라고 할 수 있다(Lorange, 1988).

기술제휴는 생산 및 판매제휴로 쉽게 발전하게 되는 특성을 지닌다. 독점적 기술의 사용을 법적으로 허용하고 그 대가로 로열티를 지급 받는 라이센싱, 자사의 기술을 상대방의 특허나 독점적 기술과 교환하는 교차라이센싱, 신제품이나 신기술의 개발에 서로 협력하는 공동기술개발 등이 기술제휴의 대표적인 예이다. 이밖에도 제조 노하우, 엔지니어링 서비스 제공, 인력파견 및 연구참여 등이 기술제휴에 해당된다.

(2) 조달제휴

조달제휴는 조달 분야에서 부품이나 제품을 장기간에 걸쳐 안정적으로 확보하기 위해 단행되는 전략적 제휴로서 특히 전 세계를 무대로 활동하는 글로벌기업들에게서 빈번하게 나타난다. 과거에는 선·후발 기업 간의 하청 및 위탁생산 연계의 형태로 진행됐지만 최근에는 선발기업 간 상호 보완적인 제휴가 이뤄지고 있는 것이 특징이다.

조달제휴에는 부품조달, 생산위탁, 외부조달(outsourcing), 단순 외주가공 등이 있다. 부품조달은 제품생산에 필요한 각종 부품을 기업 상호간에 보완적으로 공급하는 것을 말하며, 생산위탁은 제품구색을 다양화하기 위해 상대기업으로부터 자사가 생산하지 않거나 부족한 제품을 공급받는 것이다. 외부조달은 타 기업으로부터 부품이나 제품을 조달받는 것이다. 완제품 생산업체의 경우 필요한 부품을 모두 자체 제작할 수 없기 때문에 부품전문기업 등으로부터 부품을 구입할 경우 비용을 절감할 수 있다. 제휴기업에게 모든 부품을 공급한 뒤 이를 단순 조립·가공해 제품을 완성토록 한 후, 완제품을 공급받게 되는 것도 외부조달로 볼 수 있다.

(3) 생산제휴

생산제휴는 생산비용 절감 및 시장지위 확보를 위해 생산기술 등 경영자원을 상호 공급하여 공동생산 하는 제휴를 말한다. 조달제휴가 상대기업으로부터 부품이나 제품을 일방적으로 제공받는 형태인 반면, 생산제휴는 비교우위의 경영자원을 상호 공급해 제품을 공동생산 하는 방식이며, 공동판매 단계로의 이전이 용이한 특성을 가진다.

생산제휴에는 공동생산, 주문자상표부착방식(original equipment manufacturer: OEM), 세컨드 소싱(second sourcing) 등이 있다. 공동생산은 제휴에 참여한 기업들이 공동으로 특정 제품을 제작하는 것이다. 물론 이때 각 기업은 노동·자본·기술 등의 생산요소 가운데 상대방에 비교우위를 보유하고 있는 요소를 투입하게 된다. 주문자상표부착방식은 생산능력은 있지만 브랜드 이미지가 약한 기업과 강력한 브랜드 이미지를 보유하고 있는 기업 간에 이뤄지는 방식이다. 세컨드 소싱은 기술력이 뛰어나 세계시장을 장악하고 있는 기업이 늘어나는 수요를 독자적으로 감당하기 어려울 경우, 타사에게 기술을 제공해 위탁생산케 함으로써 부족한 공급분을 충당하려 할 때 주로 사용되는 방식이다. 세컨드 소싱은 주문자상표부착방식과 유사하지만 자사의 기술을 제공해 철저히 관리하고 그 대신 생산된 제품의 판매권을 수탁업체에게 부여한다는 점에서 차이가 있다.

(4) 판매제휴

판매제휴는 유통채널, 마케팅 노하우 등 판매와 관련된 능력을 공유하기 위한 전략적 제휴로써 제품스왑(product swap)으로 불리기도 한다. 최근 들어 글로벌화의 진전에 따라 해외시장 진입, 자체 마케팅 역량강화 등을 목적으로 한 판매제휴가 더욱 활발해지는 추세이다. 이전에는 자사 판매망이 없을 경우, 상대기업 판매망에 전적으로 의존하는 제휴가 많았지만, 최근에는 해외진출기업이 현지에 자사판매망을 개척하고 지역별·업종별·제품별로 선택적 판매제휴를 체결하는 경향이 증가하고 있다. 판매제휴에는 공동상표의 이용, 위탁판매, 공동규격설정 등이 있으며, 영업의 특성이 지역단위로 전개되기 때문에 특정지역에 대해 선택적인 제휴활동이 이뤄지기도 한다. 상품을 보유하고 있는 회사는 소비자들에게 이미지가 좋고 판매능력이 뛰어난 현지기업과 함께 현지인들에게 친숙한 느낌을 줄 수 있는 공동상표를 만들어 현지 판매를 강화할 수 있으므로 공동상표방식은 새로운 지역시장에 진출할 때 주로 사용된다(장세진, 1998).

최근에는 공동상표보다 고유상표를 유지하면서 제휴기업의 유통망과 유통노하우를 활용하는 위탁판매가 증가하고 있다. 위탁기업은 수탁기업의 뛰어난 판매능력을 이용해 시장지배력을 강화하고 수탁기업은 위탁기업으로부터 판매이익의 일정 부분을 보장받는 한편, 상품 구색을 갖출 수 있는 이점을 얻게 된다. 공동규격 설정은 두 기업이 각각 상대기업의 현지 판매능력을 이용해 상대시장에서의 판매활동을 강화하기 위해 추진하는 제휴방식이다.

(5) 자본제휴

자본제휴는 기술제휴나 판매제휴와는 달리 당사자 간 지분참여를 수반하는 형태로서 특정 기술이나 제품의 개발 또는 생산을 위해 합작기업을 설립하거나 상대기업의 주식을 일부 취득하는 형태의 제휴를 의미하며, 합작투자(joint venture)와 유사한 형태라고 할 수 있다.

자본제휴는 판매합작투자·생산합작투자·연구개발합작투자 등이 있으며, 기능별 제휴와 동시에 진행되는 것이 특징이다. 또한 자회사 설립 시 지분율을 통해 자회사에 대한 지배력을 조정할 수도 있다.

2) 협력의 형태에 따른 분류

(1) 수평적 제휴와 수직적 제휴

제휴가 제품과 관련하여 전방통합이나 후방통합 형태로 이루어지는 것을 수직적 제휴라 하며, 동일한 제품을 생산하는 기업 간의 제휴를 수평적 제휴, 그리고 타 업종에 속하는 기업 간의 제휴를 다각화 제휴라고 한다. 수직적 제휴는 사업의 수직적 계열화를 통하여 물류 및 정보의 장악력을 높이기 위한 것으로서 공급자와의 제휴를 의미하는 후방적 제휴와 고객 및 시장의 확보를 위한 전방적 제휴를 모두 포함하는 개념이다. 수평적 제휴는 기업의 기술, 제품, 생산력, 판매력 등 가치사슬상에 나타나는 취약부문을 보완하거나 기업의 규모를 필요 이상으로 확대하지 않으면서 규모의 경제를 실현하기 위한 목적으로 활용된다. 다각화 제휴는 기업의 강점을 충분히 활용하거나 유휴 경영자원 및 지식을 활용하기 위하여 이질적인 산업 및 시장에 진입하여 범위의 경제를 실현하기 위한 수단으로 활용된다고 할 수 있다.

(2) X형 제휴와 Y형 제휴

Porter와 Fuller(1986)는 협력내용을 기준으로 제휴를 X형과 Y형으로 구분하였다. X형 제휴는 관련기업 간의 제휴가 서로 상이한 분야에서 서로를 보완하는 방식으로 이루어지는 것을 말하며, Y형 제휴는 동일한 사업 분야에서 서로 협력하는 방식이다. 일반적으로 X형 제휴가 Y형 제휴보다 마찰이나 갈등의 소지가 적으며, 제휴의 결합에 따른 자본참여도 적다. 이는 동일한 사업 분야에서의 제휴가 상이한 분야에서의 제휴보다 제휴의 범위와 내용을 구체화하기 어렵기 때문으로 파악된다.

3) 제휴의 성격에 따른 분류

(1) 모 기업의 통합의 관점에 따른 분류

제휴를 모 기업과의 수직통합의 관점에서 보는 시각은 한 극단을 자유시장에서의 거래(transaction on a free market)로, 그리고 또 다른 한 극단을 완전 내부화(total internalization)로, 설정하고 연속적인 양 극단 사이의 특정 영역을 제휴로 보는 관점이다. 이 관점에서는 시장거래에 의존할수록 수직적 통합의 정도는 낮으며, 내부화에 치우칠수록 수직적 통합의 정도가 높아진다는 통합의 연속선상에서 제휴를 파악하고 있다.

<그림 II-1> 수직통합의 관점에서 본 전략적 제휴

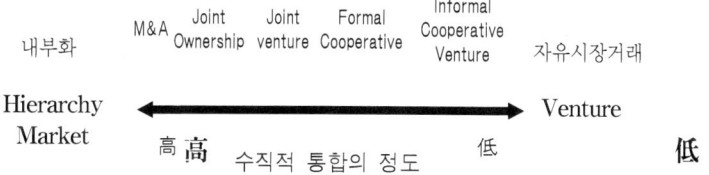

자료: 이원희(2000), 기노경(2001)의 연구에서 발췌·연구자가 정리.

(2) 모 기업 간의 상호 의존성 관점

제휴를 파트너기업 간의 상호 의존성의 관점에서 보는 시각은
한 극단을 파트너기업 간의 상호 의존성의 정도가 매우 높은 경
우로, 또 극단은 상호 의존성의 정도가 매우 낮은 경우로 구분하
여 연속적인 양 극단 사이의 특정 영역을 제휴로 보는 관점이다.
이를 보다 이해하기 쉽도록 그림으로 표현하자면 아래의 〈그림
Ⅱ-2〉와 같다.

<그림 Ⅱ-2> 기업 간 상호 의존성의 관점에서 본 전략적 제휴

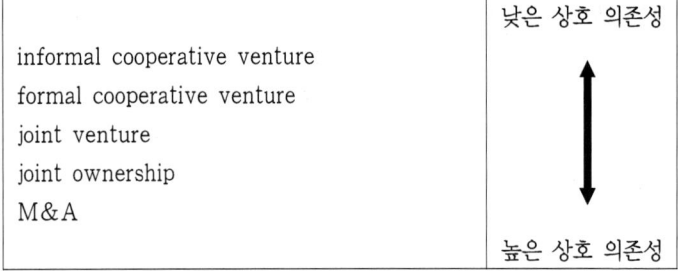

자료: Gundlach, Gregory. T., and Patrick E. Murphy, "Ethical and
legal foundation of relational marketing exchanges", Journal of
Marketing 57, October, 1993, p.37.

Contractor와 Lorange(1986)는 상호 의존성이라는 측면에서 두
기업 간에 발생 가능한 거래방식의 양 극단을 완전 내부화와 시
정거래로 가정할 때, 이들 거래 사이에는 상호 의존정도에 따라
기술훈련이나 창업지원협정, 비지분 참여방식의 협력계약 등 여러
가지 형태의 제휴가 체결될 수 있다고 보았다.

4) 자원투입 및 산출물의 회수차원에 따른 분류

Lorange와 Ross(1992)는 전략적 제휴의 유형을 자원의 투입량 및 회수량의 문제로 파악하였다. 즉 전략적 제휴를 자원투입과 산출의 함수로 이해하는 것이다. 자원투입의 측면이란 첫째, 인력, 기술, 자본 등 조직적 자원의 투입과 둘째, 환경변화에 적응하기 위한 방안으로서 전략적 제휴를 시행함에 있어 자원투입 의지의 여부가 포함된다. 산출물의 회수란 첫째, 기술적 노하우, 재무이익, 관리자 등 모 기업의 모든 산출물을 회수하는 경우와 둘째, 모든 산출물을 제휴파트너가 보유하는 것을 의미한다. 이러한 관점의 전략적 제휴유형은 다음과 같다.

(1) 임시연합

임시연합(Ad hoc pool)이란 최소한의 자원만을 투입하여 일시적인 제휴관계를 형성하는 것을 말한다. 이 경우 제휴로부터 파생되는 산출물은 모두 모 기업으로 회수된다.

(2) 컨소시움

컨소시움(Consortium)은 각 파트너가 최선의 기술, 연구인력 등을 투입하고 모 기업이 투입된 영역에서 산출되는 모든 이익을 회수하는 경우를 의미한다.

(3) 사업기준 합작투자

사업기준 합작투자(projected-based joint venture)란 최소한의 전략자산을 투입하고 공통조직을 통하여 전략자산을 창출하기 위한 목적으로 계약을 체결하는 제휴의 형태를 의미한다. 배당, 로열티 등의 재무적 결과를 제외하고 그 외의 산출물은 합작기업이 보유한다.

(4) 전면적 합작투자

전면적 합작투자(full-blown joint venture)는 자원을 대거 투입하며, 제휴로부터 획득되어진 자원을 합작기업이 보유하는 형태의 제휴를 의미한다. 이러한 방식은 주로 새로운 사업에 진출할 목적으로 체결되며 장기간에 걸쳐 협력관계가 유지되며, 제휴를 위한 독립적인 조직을 가지게 된다.

5) 경쟁과 협력에 따른 분류

Yoshino와 Rangan(1995)은 경쟁과 협력에 따른 전략적 제휴의 유형을 제시하고 있다. 파트너기업들은 전략적 제휴를 통하여 경쟁관계를 유지하면서 동시에 협력관계를 함께 추구한다는 것이다. 경쟁의 측면으로는 조직 간의 잠재적 갈등 정도를 중심으로, 협력의 측면은 조직 간의 상호작용 정도를 중심으로 4개의 전략적 제휴유형을 제시하고 있다. 아울러 기업 간의 파트너십이 전략적 제휴가 되기 위한 필요충분조건으로 독립성의 유지, 통제권의 공유,

파트너 상호간 지속적 공헌 등을 들었다. 또한 이들은 전략적 제휴의 범주를 계약협정에 따라 전통적 계약과 비전통적 계약으로, 지분협정에 따라 법인 비신설, 법인 신설, 법인의 해체 등으로 구분하였으며, 이 가운데 전략적 제휴는 비전통적 계약, 법인 비신설, 법인 신설에서 다국적 기업의 자회사 성격 합작투자를 제외한 부분으로 한정하였다.

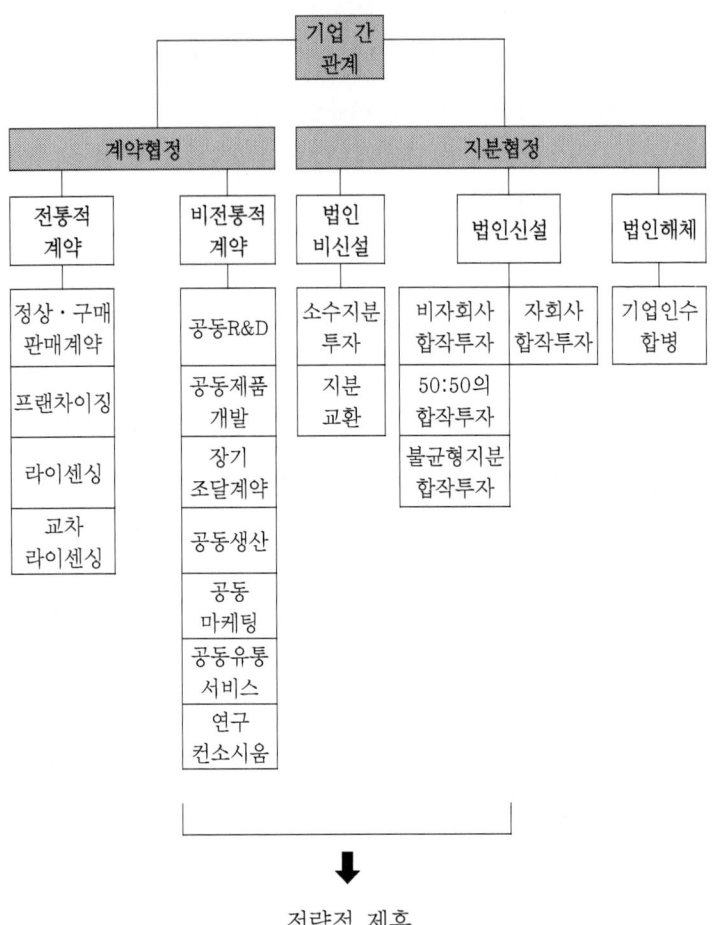

<그림 II-3> 전략적 제휴의 범주

기업 간 관계

계약협정

지분협정

전통적 계약

정상·구매 판매계약

프랜차이징

라이센싱

교차 라이센싱

비전통적 계약

공동R&D

공동제품 개발

장기 조달계약

공동생산

공동 마케팅

공동유통 서비스

연구 컨소시움

법인 비신설

소수지분 투자

지분 교환

법인신설

비자회사 합작투자

자회사 합작투자

50:50의 합작투자

불균형지분 합작투자

법인해체

기업인수 합병

전략적 제휴

자료: Yoshino and Rangan, 「Strategic Alliances: An Entrepreneurial Approach to Globalization」, Harvard Business School Press, 1995, p.8.

3. 전략적 제휴의 동향

1) 해외 동향

1980년대 초 세계적인 불황 이후 선진국기업들은 정보통신산업, 생명공학산업, 신소재산업 등 이른바 신산업 분야를 중심으로 전략적 제휴를 활발히 추진하였다. 특히 동 기간 중에 미국기업들은 열악한 재무구조와 약화된 경쟁력을 효과적으로 개선하고 강화시키기 위해 신기술개발 분야에서 유럽 및 일본기업들과 전략적 제휴를 확대하여 선진국기업 간 전략적 제휴가 급증하였다. 1990년대 중반에 기업인수 및 합병의 폭발적인 증가에 따라 제휴가 일시적으로 둔화되었으나, 인터넷이 상용화되면서 다시 증가하기 시작하여, 전 세계 전략적 제휴 총액은 2004년 말에 약 40조 달러에 달할 전망이다(Anderson Consulting, 2001).

1980년대에는 전략적 제휴의 95.6%가 선진국기업 간에 이루어졌으며, 선진국기업과 후발 개발도상국기업 간의 제휴는 2.3%, 선진국기업과 후발 개도국 기업 간의 제휴는 1.5%를 점유하는 데 그쳤으나(Freeman, Hagedoorn, 1994), 1980년대 후반 이후 선진국기업과 개도국기업 간의 제휴가 점차 증가하고 있다.

최근 개발도상국기업과 선진국기업 간의 전략적 제휴는 통신, 컴퓨터, 전자, 미디어, 가전 분야에서 주로 일어나고 있으며, 신흥공업국(NIEs)기업과 선진국기업 간의 제휴는 자동차, 식료품, 화학, 정보 가전, 마이크로일렉트로닉스 순으로 이루어지고 있다.

<그림 II-4> 국제 전략적 제휴의 추이

(단위: 건, 10억 달러)

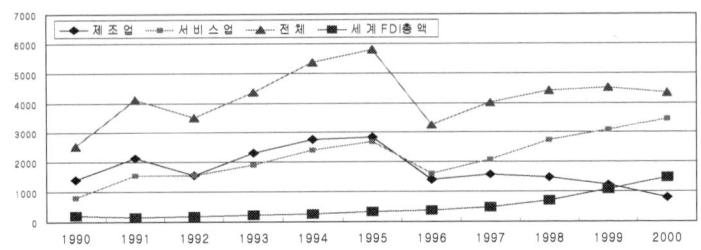

자료: OECD 및 World Bank.

선진국기업들 중 미국기업들은 거대한 내수시장을 보유한 관계로 보완적인 특정 기능을 가진 기업과 특정 목표 달성을 위해 공격적인(offensive) 전략적 제휴를 모색하고 있는 반면 유럽기업은 방어적인 (defensive)전략을 운용하고 있다. 미국, 유럽, 일본기업의 전략적 제휴의 최근 조사분석에 따르면 미국기업은 보완적 기능의 결합에 제휴목적을 두고 있으며, 유럽기업은 규모의 경제 달성에 목표를 두고 있는 것으로 나타났다. 미국기업들은 제휴를 통해 보완적 자산을 결합함으로써 학습효과와 역량을 제고하는 데 목표를 두고 있으며, 유럽기업들은 상대적으로 작은 다양한 시장 내에서의 규모의 경제 효과를 누리기 위해 방어적인 전략적 제휴를 추진하고 있다. 유럽기업들은 제휴상대로 역내 기업을 선호하고 있으며, 유럽기업 간 제휴 중 84%와 외국기업과의 제휴 중 75%가 규모의 경제 효과에 제휴목적을 두고 있었다(Financial Times, 2002).

한편 선진국들은 기업 간 전략적 제휴에 대해서는 독점금지법을 가급적 적용하지 않고 있다. 미국은 기업 간 제휴에 대해 긍정적인 입장을 표명하고 있으며, 유럽 각국은 제휴로 인해 과잉설비의 해소, 고용 유지, 상품의 국제경쟁력을 강화시킬 수 있는 경우 허용하고 있다. 일본 역시 생산비용이 가격을 상회하거나, 공급이 수요를 초과하는 경우, 기업들이 경영을 합리화(streamlining)할 수 있는 경우 제휴를 허용하고 있다.

기업 간 전략적 제휴는 다양하고 신축적인 협력형태인 전략적 기술제휴(Strategic Technology Alliance)가 중심이 되고 있다. 전략적 기술제휴의 형태는 비출자 공동 R&D, R&D 법인의 공동설립, 크로스 라이센싱, 연구계약, 세컨드 소싱 등을 들 수 있다. 전략적 기술제휴는 첨단기술 분야에서는 상호 보완성과 혁신기간의 단축을 위해, 일반 저급기술과 성숙기술 분야에서는 시장 진입과 생산 효율성 제고를 목적으로 추진되고 있다. 업종별·국별 전략적 제휴현황을 살펴보면 의료기술 분야에 있어서는 선진국기업 간의 제휴가 주류를 이루고 있으며, 선진국과 개도국기업 간 제휴가 증가하고 있는 업종으로는 생명공학, 소프트웨어, 컴퓨터업종 등을 들 수 있다. 미국기업은 다양한 산업에서 전략적 제휴를 활발히 추진하고 있으며, 일본, 독일, 영국, 네덜란드, 이태리, 프랑스 기업 역시 전 산업에 걸쳐 전략적 제휴를 추진하고 있다. 이와 같이 다국적 기업을 다수 보유한 국가와 선진 7개국 기업이 전 세계 전략적 제휴를 주도하고 있다.

최근 전략적 제휴의 동향과 관련하여 여러 가지 변화들이 있을 수 있으나 몇 가지 큰 변화를 들어보면 국내제휴와 비교하여 국제제휴가 상대적으로 감소하고 있다는 점, 전략적 제휴와 기업인수 및 합병과의 연계가 증가하고 있다는 점, 그리고 지분제휴에 비해 비지분제휴가 상대적으로 증가하고 있다는 점 등을 들 수 있다(여경철, 2001).

전략적 제휴의 지역별 분포는 북미, 아시아, 유럽 등의 지역이 타 지역과 비교하여 상대적으로 높은 증가추세를 나타내고 있으며, 산업별로는 서비스부문이 제조업부문보다 더 높은 증가추세를 보이고 있으며, 이 책의 주요 논의대상인 정보화와 관련한 국제 전략적 제휴도 점차 증가하고 있는 추세이다(손달호, 2000).

2) 국내 동향

최근 국내기업의 전략적 제휴는 증가하고 있으나, 아직까지 대기업과 일부업종에서 제한적으로 이루어지고 있다. 제휴의 형태를 살펴보면 기술제휴 및 기술제휴와 관련된 전략적 제휴가 타 제휴 형태보다 선호되고 있다. 국내기업의 기술제휴는 전자, 통신, 컴퓨터, 방송, 금융, 산업용기계, 가전업종이 주도하고 있으며, 국내기업의 국제제휴는 전자, 통신, 컴퓨터 업종을 중심으로 합작투자, 장기 공급계약, 공동연구개발 등의 형태로 추진되고 있다.

이러한 국내기업의 전략적 제휴는 최근 업종 내 상위기업 간의 주도권 장악과 수익기반 확대 경쟁이 가속화되면서 급속히 확산되고 있다. 특히 대기업들이 국내기업 간 제휴를 주도하면서 경쟁력이 상대적으로 취약한 기업들의 생존기반을 위협하기 시작하자 중견·중소기업들도 다양한 형태의 제휴를 추진하고 있다.

전략적 제휴의 중요성은 국내 반도체산업에서 잘 나타나고 있다. 삼성전자는 인텔, 마이크로소프트, 야후, AOL-타임워너 등 세계 유수의 기업들과 제휴해 글로벌 네트워크를 구축하였으나 하이닉스는 제휴를 고려하지 않고 홀로 서기에 나섰던 것이다. 결국 삼성은 시장 환경변화에 적절하게 대응하여 생존 기반을 강화한 반면 하이닉스는 전통적인 생존방식을 고수한 결과 시장상황이 변하자마자 위기에 봉착하게 되었다.

이러한 현실을 반영하듯 최근 들어 국내 전기·전자, 자동차, 철강 등 주력 업종 내 기업의 외국 대기업과의 제휴가 증가하고 있다. 또한 국내기업의 국제제휴 규모도 대형화하고 있으며, 제휴 범위도 종전의 기술개발 위주에서 브랜드, 유통망, 금융망 연계, 국제 표준화 작업 등으로 다양해지고 해외자원 개발과 전자 상거래 등으로 확대되고 있다. 중소 부품업체들 역시 외국기업과 개발·생산에 관한 포괄적 기술제휴 및 장기 공급계약을 체결하고 있다. 이와 같이 국내기업은 경쟁력 강화를 위해 그 동안 경쟁업체로 간주해 오던 국내·외 업체들과의 전략적 제휴를 확대하고 있다. 이러한 현상은 전략적 제휴가 생존을 위한 주요 경영기법으로 부상하게 되면서 범세계적인 전략적 제휴의 추세에 편승하지 못한다면 지속적인 발전은 물론 현재 직면해 있는 세계경제의 불황을 효과적으로 극복할 수 없다는 인식이 확산되고 있기 때문이라고 할 수 있다.

IMF 외환위기 직후인 1998년 국내기업들의 국제 전략적 제휴는 다소 감소하였으나, 최근 이 같은 인식의 확산을 바탕으로 국내기업들도 OECD 국가 중 1990년부터 1999년까지 제휴 전체 건수 기준으로 9위, 2000년 실적으로는 8위를 차지할 정도로 비교적 활발한 전략적 제휴활동을 전개하고 있다(산업자원부, 2001).

건수를 기준으로 한 국내기업의 국제 전략적 제휴의 최근 현황을 살펴보면 아래의 〈표 Ⅱ-4〉과 같다.

<표 II-4> 우리나라 기업의 국제 전략적 제휴현황

연 도	건 수	연 도	건 수
1990-1994	642	1998	144
1995	242	1999	188
1996	171	2000	191
1997	179	합 계	1,757

자료: 산업자원부, "국경 간 M&A 및 전략적 제휴의 세계적 동향", 2001. 1. 1.

4. 전략적 제휴에 관한 주요 연구관점

일반적으로 국제 전략적 제휴를 설명하는 이론적 배경이 되는 주요 연구관점으로는 전략적 제휴를 기업 내부의 미시경제학적 차원에서 설명하는 거래비용이론적 관점, 산업조직경제학적 논리로 전략적 제휴를 설명하고자 하는 산업조직론적 관점, 경쟁우위를 위한 전략적 차원에서 설명하고자 하는 자원준거이론 및 자원의존론적 관점, 그리고 최근 들어 급격히 부상하고 있는 네트워크 이론 등이 있다. 본 절에서는 제휴유형 선택에 관한 선행연구 고찰에 앞서, 국제 전략적 제휴를 설명하는 주요 연구관점에 대하여 살펴보고자 한다.

1) 거래비용이론적 관점

거래비용이론(transaction cost theory)은 상품 또는 서비스를 대상으로 하는 경제적 거래(economic transaction)를 가장 효율적으로 관리할 수 있는 지배구조(governance structure)가 어떤 것인가에 관한 문제에 초점이 맞춰져 있다. 거래가 발생할 경우 거래의 특정 차원들은 거래비용을 유발하며 시장메커니즘이 교환을 매개로 하는 비효율적인 수단이 되는 경우가 발생하는데, 이러한 상황을 시장실패(market failure)라고 한다. 이때 거래의 효율화는 거래비용을 최소화함으로써 달성 될 수 있다고 본다. 이러한 관점에서 조직 외부의 시장(markets)을 통한 거래비용이 증가할수록 해당거래는 위계(hierarchies)에 의해 내부화되고, 반대로 위계에 의한 조직내부의 개발 및 생산에 소요되는 비용이 증가할수록 시장을 통한 거래방식을 선택하게 된다는 것이다. 특히, 거래비용이론에서 위계라는 지배구조는 시장실패를 보완하기 위한 대체적 거래방식으로서, 거래의 결과가 매우 불확실하고 거래빈도가 매우 반복적으로 발생하며 해당거래에 특유한 투자가 요구될 때 그 거래는 위계 내에서 가장 효율적으로 수행될 수 있다(Coase, 1937; Williamson, 1975). 한편, 거래비용론적 관점에서 기업 간의 제휴는 시장실패의 상황 속에서 거래의 효율성을 제고시키기 위한 메커니즘으로 파악될 수 있다. 이러한 시장실패 상황하에서는 제휴를 통한 거래가 시장을 통한 거래보다 경제적 효율성이 높아지게 되므로 기업은 제휴를 선택하게 된다(Williamson, 1975).

합작투자와 다양한 비지분 협력 등 여러 형태를 포함하는 제휴 참여기업의 의도는 기업 간 소유자산의 결합을 통해 시너지 효과를 창출하려는 것이라 할 수 있다. 제휴는 제휴에 참가한 기업 간에 제품과 서비스의 시장거래가 높은 가격으로 인해 실패하고 재화 또는 효용을 창출하는 자산들을 인수하거나 모방하는 것이 제휴를 통해 그 자산의 사용권을 획득하는 것보다 더 많은 투자비용이 소요될 경우 효율적이라 할 수 있다(Hennart, 1988).

이처럼 거래비용론적 관점은 제휴의 형성원인을 거래의 특성과 관련시키고 있을 뿐 아니라, 합작사업과 같은 제휴유형의 선택문제에 대해서도 유용한 기준을 제공해 주고 있다(Osborn & Baughn, 1990). 그리고 거래비용을 감소시켜 주는 일정한 조건이 지속되는 한 제휴나 네트워크와 같은 조직형태들이 일시적인 형태가 아닌 장기적인 조직형태로서 존속할 수 있다고 주장하기도 한다(Jarillo, 1990). 그러나 많은 연구자들이 제휴를 단순히 거래비용의 감소수단으로만 간주하고 있는 거래비용이론은 다소 무리가 있음을 지적하고 있다(Hil et al., 1990; Hirsch, Friedman & Koza, 1990; Wu. C., 1987). 즉, 거래비용이론이 지금까지 제휴를 설명하는 데 가장 많이 적용된 이론이지만 부족한 자원과 능력의 획득, 보유자원의 효율적 활용, 위험의 공유, 합법성의 창출, 시장지배력의 획득, 미래 투자에 대한 옵션 등과 같은 제휴의 다른 이점들을 설명하지 못하는 치명적인 한계를 지니고 있다는 것이다.

2) 산업조직론적 관점

산업조직론적 관점(Industrial Organazination View)은 산업조직경제학의 논리에 입각하여 전략적 제휴현상을 설명하는 접근방식이다. 산업조직경제학은 전통적으로 시장에서의 소수 과점력(oligopoly power) 또는 시장지배력(market power)의 확보에 초점을 맞추어 왔기 때문에 산업과 경쟁자를 강조하고 있다(Porter, 1980; Hakansson & Johanson, 1992; Gomes-Casseres, 1996). 산업조직경제학을 경영전략 분야와 접목시키는 데 크게 공헌한 Porter(1990)는 전통적인 소수 과점력 또는 시장 지배력의 개념을 시장경쟁에서의 우위, 즉 경쟁우위(competitive advantage)라는 개념으로 새롭게 제시하였다. 그러나 다이아몬드 모델이라는 국제경쟁력 결정모델에서는 국제경쟁우위가 자국시장의 수요조건, 요소조건, 기업의 전략, 조직 및 경쟁양상, 지원 및 관련 산업이 밀접하게 결합된 구조를 갖추고 있을 때 가능하기 때문에 해외 또는 국내에서 협력관계를 형성하지 않고서도 국제적인 시장지배력을 확보할 수 있다고 주장하였다(조동성, 1994).

이와 같이 산업조직론적 관점에서는 경쟁의 논리를 강조하고 있으므로 기업 간의 협력이나 제휴에 대해서는 긍정적이지 못하다. 산업조직론적 관점에서 협력이나 제휴를 시장에서 공동의 적대적 기업을 제압할 목적으로 사용하는 동맹(ally)으로 받아들이고 있는 것도 바로 이 때문이다(Glaister, K. W. & Buckley, P. J., 1996). 그러나 최근에는 산업조직론적 관점에서 전략적 제휴가 기업이 고려할 수 있는 효과적인 전략적 대안임을 인정하는 연구들이 많이 나오고 있다.

산업조직론적 관점에서 설명하는 조직 간 제휴형성의 근거는 전략적 제휴가 경쟁을 통제하거나 완화하기 위한 수단으로 이용될 수 있다는 점이다(Harrigan, 1988). 이외에도 산업의 구조적 특성이나 수요변화, 정부의 정책, 기술변화 등에 대한 대응과 고정비 절감의 필요성 등도 제휴형성의 중요한 조건으로 간주하고 있다.

산업조직론적 관점을 거래비용론적 관점과 비교하자면 전략적 제휴가 기업의 지속적인 경쟁우위를 확보하기 위한 궁극적인 조직형태가 아니라 일종의 과도기적 조직형태로 간주하고 있다는 점에서는 공통적인 시각을 가진다. 거래비용의 최소화나 경쟁적 지위의 강화라는 주장이 결국 기업의 수익성을 증대시키는 것을 의미한다는 점에서 두 관점이 상호 보완적인 성격을 지닌다고 할 수 있다. 그러나 거래비용론적 관점에서는 거래비용 전체의 합을 최소화하는 것이 목적인 반면, 산업조직론적 관점에서는 기업의 경쟁지위를 향상시키기 위한 전략적 행동을 통해 이익을 최대화하는 데 목적을 둔다는 점에서 두 관점의 기본적인 차이가 드러난다고 하겠다.

3) 자원의존론적 관점

자원의존이론(Resource Dependence Theory)은 자원준거이론과 같이 가치 있는 자원을 보유하고 획득하는 것이 기업의 경쟁우위에 얼마나 공헌하는지를 설명하고자 하는 이론이다(Pfeffer & Salancik 1978; Pfeffer, 1978). 그러나 자원의존이론은 자원과 능력에 대해 기업의 내부분석을 강조하는 자원준거이론과는 달리 기업의 외부 환경에 초점을 두면서 정도의 차이는 있지만 모든 기업은 경쟁우위를 획득하기 위해 생산과정에 투입되는 자원의 조달을 다른 조직에 의존한다. 조직의 생존은 희소가치가 있는 자원을 외부 환경으로부터 안정적이고, 저원가로 획득할 수 있느냐에 의존하는데, 이 이론은 전략적 가치가 있는 자원의 안정적 획득을 위해서는 외부 환경의 적절한 관리와 안정적 관계유지 등의 생존전략이 필요하다는 것을 강조한다. 이러한 전략은 과업환경에 의존하며, 환경에서 강한 조직과는 제휴를 맺거나 아웃소싱하고, 약한 조직에 대해서는 강한 통제를 행하게 된다. 즉, 자원의존론적 관점에서는 조직 간에 자원에 대한 상호 의존성의 변화에 따라 제휴관계의 형성과 소멸이 결정된다.

자원의존론적 관점은 모든 조직들이 기본적으로 외부 조직에 대하여 의존성을 가진다는 점에서 제휴파트너의 선정기준에 있어서 특히 높은 설명력을 갖는다. 이와 관련하여 다수의 연구자들은 서로 다른 자원과 능력을 보유한 조직군(organization population)들 간에 보완적인 관계가 존재하는 한편, 그로 인한 상호 의존성도 함께 존재한다고 본다. 그러므로 자원의존론적 관점에 따르면 서로 다른 자원과 능력을 지닌 기업일수록 상호 의존성과 보완성이 높기 때문에 제휴가능성이 높다진다고 할 수 있다. 그러나 자원과 능력이 서로 다르다는 것만으로 항상 제휴관계가 성립될 수 있는 것은 아니라는 점이 자원의존론적 관점의 한계라 할 수 있다.

4) 자원준거론적 관점

자원준거론적 관점(Resorce-based View)에서는 기업의 경쟁우위 원천이 시장에서의 지위(market position)나 산업의 구조적 조건보다는 기업 내부의 자원(resources)에 있다고 본다(Wernerfelt, B., 1984). 자원준거이론에서 말하는 자원은 기업이 보유하고 있는 유형·무형의 자산(assets)과 능력(capabilities) 또는 강점(strengths)을 말한다. 자원준거론적 관점의 이론적 핵심은 기업을 유형자원과 무형자원의 독특한 집합체(unique bundle)로 파악하는 것이다(Das & Teng, 1998). 즉, 기업은 장기간에 걸쳐 나름대로 독특한 자원과 능력을 결합하고 구축해 가는데, 바로 이들 자원과 능력의 차별적 역량에 근거하여 경쟁우위를 얻을 수 있다고 파악하고 있다.

이러한 맥락에서 자원준거론적 관점에서는 거래에 소요되는 비용을 최소화하는 것만이 기업 간의 협력의 성패를 가름하는 유일한 결정요인이라고 주장하는 거래비용론적 관점과는 달리, 자원의 획득 또는 유지 및 활용을 위한 전략적 행동이 외부기업과의 협력관계를 형성하는 중요한 요인이라고 본다. 그러므로 외부기업과의 협력에 관한 기업의 의사결정은 단순히 거래비용의 최소화에만 초점이 맞추어져 있는 것이 아니라 기업의 핵심역량을 강화하여 장기적 수익성(long-term profitability)을 극대화 하고자 하는 기업의 의지에 달려있다고 할 수 있다. 따라서 자원준거론적 관점에서의 전략적 제휴는 다양한 파트너들이 그들의 핵심역량을 공동으로 이용하거나 기업 특유의 자원(firm-specific resources)을 축적하기 위한 수단으로 볼 수 있다.

또한 제휴의 학습적 기능을 강조하는 일련의 연구들은 전략적 제휴가 독자적으로 습득하기 어려운 암묵적 지식(tacit knowledge)에 대한 학습의 수단으로 이용될 수 있다고 주장하고 있다(Hamel, 1991; Dodgson, 1993; Powell et al., 1996; Richter & Vettel, 1995; Lei et al., 1997; Kumer & Nti, 1998; Larsson et al., 1998). 따라서 자원준거론적 관점에서의 제휴는 기업이 기존에 보유하고 있는 자원 및 능력의 활용과 새로운 자원 및 능력을 획득하는 두 가지 측면으로 설명할 수 있다.

5) 네트워크이론적 관점

최근 들어 많은 학자들이 네트워크이론(Network theory)을 전략적 제휴에 관한 연구에 도입하고 있다(Gulati, 1998; Powell,

Kopur & Smith Doerr, 1996; Dyer, 1996). 이같이 제휴에 관한 연구에 네트워크관점의 도입이 증가하고 있는 가장 큰 이유는 최근 급속히 확산되고 있는 새로운 경쟁시대의 도래를 들 수 있다. 이러한 현상은 특히 소규모의 기술지향적 기업을 중심으로 컴퓨터와 생명공학, 인터넷과 같은 신사업부문에 두드러지고 있다. 새로운 정보기술의 확산은 기업들 간의 정보의 공유와 내부적 운영을 보다 용이하게 할 뿐 아니라 업무 전 부분에 걸쳐 보다 유연한 생산 및 유통을 가능하게 해준다. 이러한 생산과 정보의 신속한 공유는 새로운 기술적 발전이 확산되는 경로로서 네트워크를 산업 전반에 걸쳐 확산시키는 결과를 야기시키고 있다.

네트워크이론적 관점에서는 기업들이 다른 기업들과 다양한 제휴관계로 연결되어 있기 때문에 기업의 기존 네트워크구조가 정보의 흐름과 잠재적인 제휴파트너의 범위를 통제하며 새로운 제휴에 참여하려는 기업의 의사결정에 영향을 미친다고 본다(Jarillo, 1988; Powell, 1990; Hakansson & Johanson, 1994).

자원준거관점에서와 같이 재무적·인적 자산이 기업의 전략적 의사결정에 미치는 효과를 무시하지는 않지만, 기업 내에 체화되어 있는 사회적 구조에 보다 큰 비중을 두고, 주어진 네트워크 내에서 기업의 위치 또는 권력과 중심성 등을 분석함으로써 한 기업이 다른 기업들의 행동에 어느 정도 영향을 미치며, 통제 정도는 얼마나 되는지 등을 평가한다. 즉, 네트워크이론은 기업 간의 공식적·비공식적 관계가 증가함에 따라 제휴의 구조를 지위, 연계 정도, 근접성, 친밀성, 권력, 구심점 등의 개념을 기초로 하는 네트워크형태로 간주하고 있는 것이다.

지금까지 논의한 전략적 제휴의 주요 연구관점을 정리하면 아래의 〈표 Ⅱ-5〉과 같다.

<표 Ⅱ-5> 전략적 제휴의 주요 연구관점

연구관점	동 기	구체적 동기	주요 연구자
거래비용론적 관점	경제적 관계	비용공유 및 제품개발 비용감소	Williamson(1985) Hagedoorn(1993) McAuther & Schill(1996) Gugler(1992)
산업조직론적 관점	시장지위의 강화	기술표준의 창출 신시장 내 우위 선점	Porter(1986) Lorange & Roos(1992) Hagedoorn(1993)
자원준거론적 관점	전략적 자산축적의 불확실성 감소	핵심능력의 축적을 통한 경쟁우위의 확보	Hamel & Prahalad(1990) Pisano(1990) Gulanti(1993)
자원의존론적 관점	상호 보완적 자원의 공유	상호 보완적 자원을 보유한 기업 간의 제휴를 통한 통제력 강화	Pfeffer & Salancik(1978) Pfeffer(1978) Baum & Singh(1994)
네트워크이론적 관점	네트워크 형성	기업의 체화된 사회적 구조형성을 통한 시너지 효과 추구	Kogut(1992) Gulanti(1993)

자료: Fieenbaum, A., S. Hart & D. Schendel(1996), 황세욱(2000), 여경철
(2001) 등의 연구에서 발췌·연구자 정리.

5. 선행연구의 고찰

이상에서 제시한 이론적 관점들을 기반으로 여러 연구자들에 의해 전략적 제휴의 유형 선택 및 기업 정보화 요인을 결정요인으로 고려한 전략적 제휴에 관한 다양한 연구들이 수행되어 왔다. 본 절에서는 이러한 다양한 선행연구를 고찰함으로써 향후 본 연구의 연구모형 및 연구방법 개발을 위한 이론적 근거를 삼고자 한다.

1) 전략적 제휴유형 선택에 관한 선행연구

전략적 제휴의 유형은 전술하였던 바와 같이 제휴의 동기, 협력 형태, 지분유무, 지분참여도, 몰입도, 협력과 경쟁에 따라 다양한 논의가 진행되어 왔다. 일반적으로 기업들은 다양한 제휴유형 가운데 기업의 현재의 상황을 가장 잘 반영하고, 미래의 기업 목표를 달성하는 데 있어 가장 효과적인 대안을 선택하고자 한다. 즉, 제휴유형의 선택은 경영 전략적 관점에 기준을 두고 이루어진다는 것이다. 본 연구에서는 전략 경영적 관점에서 진행되어온 제휴 유형 선택에 관한 연구들을 중심으로 기존의 연구를 살펴보면 다음과 같다.

산업조직론적 관점의 가장 대표적 선행연구라 할 수 있는 Porter의 연구(1990)에서는 국제적 동맹 혹은 전략적 제휴의 선택이 파트너 간의 경쟁우위를 획득하기 위한 목적으로 행해진다고 보았다. 그러나 전략적 제휴가 기업의 경쟁우위를 확장시키고, 이를 강화하는 역할을 할 수는 있으나, 경쟁우위를 창출하고, 이를 지속적으로 지켜나가는 수단으로 볼 수 는 없으므로 경쟁우위를 지속적으로 창출·발전시키기 위해서는 핵심역량을 파악하고, 이를 발전시키는 노력이 필요하다고 주장하였다.

Anderson과 Gatignon(1986)은 거래비용의 관점에서 기업의 제휴유형 선택을 설명하고 있다. 기업은 제한된 합리성하에서 경제적 효율성을 달성하고, 기회주의의 위협으로부터 거래의 안전성을 확보할 수 있는 거래방식을 선택한다는 것이다. 즉 거래비용이 낮을 때는 완전자회사 등 독자적인 방식으로 시장에 진출하며, 거래비용이 높을 경우에는 현지기업과의 제휴를 선택한다는 것이다. Klein(1989)은 통제력에 초점을 두고 기업의 제휴유형 선택의 모형을 실증적으로 검증하였다. 실증에 이용된 제휴유형은 합작투자, 외부 유통업체 이용 등이었으며, 제휴유형 선택요인으로는 거래특유자산, 거래빈도, 환경불확실성, 제품수량 등을 이용하였다. Klein의 연구를 통하여 거래환경의 불안정성(Volatility)과 다양성(diversity)이 제휴유형 선택에 유의한 영향을 미치는 요인으로 확인되기도 하였다.

Hennart(1988)는 R&D 비용, 광고비, 모 기업의 경험, 산업성장률 및 집중도 등에 따라 기업이 선택할 수 있는 제휴의 유형이 달라지며 제휴의 유형을 소유지분비율에 의해 구분하였다. 그의 연구에 따르면, 모 기업의 연구개발 강도가 높고, 경험, 산업성장률, 집중도 등이 높을수록 full-ownership을 선호하는 것으로 나타났다. Yosino와 Rangan(1995)은 제휴의 유형이 파트너기업과의 조직 간 상호작용과 잠재적 갈등에 따라 결정되며, 이때 기업들에 의해 선택될 수 있는 제휴의 유형을 경쟁적 제휴(competitive alliances), 비경쟁적 제휴(noncompetitive alliances), 친경쟁적 제휴(procompetitive allian-ces), 선경쟁적 제휴(precompetitive alliances) 등으로 구분하였다. 여기서 경쟁적 제휴란 동일 산업 내의 제휴를 말하며, 비경쟁적 제휴는 동일 산업 내에서 파트너기업 간의 지식습득을 목적으로 행해지는 제휴를, 친경쟁적 제휴란 수직적 관계에 있는 기업 간의 제휴를, 선경쟁적 제휴란 비관련 산업 간의 제휴를 각각 의미한다. Osborn과 Baughn(1990)은 제휴방식을 합작제휴와 계약방식의 제휴로 분류하고, 환경 불확실성과 공동개발의도 등에 따라 기업이 선택할 수 있는 제휴유형이 달라진다고 주장하였다.

Das와 Bing-Sheng Teng(1998)은 제휴의 유형을 합작, 소수지분제휴, 비자본제휴 등으로 분류하고 신뢰와 통제의 수준에 따라 선택할 수 있는 제휴유형이 달라진다고 보았다. 즉, 통제와 신뢰수준이 모두 높을 경우 합작, 하나만 높을 경우 소수지분제휴, 모두 낮은 경우 비지분제휴를 선택한다는 것이다. 국내 전략적 제휴유형 선택에 관한 가장 대표적인 선행연구로 꼽히는 김이태의 연구(1997)에서는 전략적 의도, 거래특성, 정치 및 제도적인 특징 등의 요인들의 영향에 의해 기업의 제휴유형이 달라질 수 있다고 주장하였다.

또한, Bleeke와 Ernst(1993)는 기업들은 다양한 제휴유형 가운데 자신이 추구하는 목적을 이루기 위하여 그 가운데 한 유형을 선택한다고 보았으며, 전략적 제휴의 유형은 기업들의 지분참여도 및 관계의 긴밀성에 따라 크게 합작투자와 기능별 제휴로 구분된다고 보았다.[1] 본 연구에서는 Bleeke와 Ernst가 분류한 전략적 제

---

1) 기능별 제휴는 연구개발컨소시움, 기술제휴, 생산라이센스, 판매제휴로 분류되고, 합작투자는 연구개발 합작투자, 생산합작투자, 판매합작

휴의 유형을 실증분석 시 적용하고자 한다.

Bleeke와 Ernst가 분류한 제휴의 유형은 아래의 〈그림 Ⅱ-5〉와 같다.

〈그림 Ⅱ-5〉 전략적 제휴의 유형

기업 인수/합병 / 전략적 제휴			신제품 개발	생산의 위험 경감	신생산 기술 개발	개발비 용절감	기초 시설 활용도 증가	규모의 경제 이용	제품라 인 갭 줄임	새로운 지역에 진입
기업 인수/합병		인 수				●	●	●	●	●
		합 병			●	●	●	●	●	
전략적 제휴	합작투자	핵심사업 합작투자			●	●	●	●	●	●
		판매합작투자				●	●		●	●
		생산합작투자				●	●	●		●
		연구개발 합작투자		●			●		●	●
	기능별 제휴	제품스왑		●		●			●	●
		생산라이센스	●		●	●	●			
		기술제휴	●	●						
		연구개발 컨소시엄	●	●	●					

↑ 지분 참여도 높고, 더욱 긴밀한 관계

자료 : J. Bleeke, D. Ernst, 「Collaborating to Compete」, John Wiley & Sons, 1993, p.60.

지금까지 살펴보았던 전략적 제휴유형 선택에 관한 주요 선행 연구들을 정리해보면 아래의 〈표 Ⅱ-6〉과 같다.

투자, 핵심사업 합작투자로 구분된다.(장세진, 전게서, p.503)

<표 II-6> 전략적 제휴유형 선택에 관한 기존연구의 정리

연구자	독립변수	종속변수	비 고
Hagedoom (1991)	제휴의 동기	제휴의 방식	
Dwyer & Oh(1998)	관계방식 (수평적 제휴, 수직적 제휴, 독립적 거래)	마케팅전략	관계방식에 따라 관계성격의 차이 독립: 니치시장 목표 수평제휴: 광고연합, 자율강조, 저가 수직제휴: 프로모션, 구색 서비스
Das & Bing-Sheng Teng(1998)	신뢰, 통제	제휴의 방식 (합작, 소수지분제휴, 비자본 제휴)	제휴유형은 통제와 신뢰수준의 차이에 따라 결정됨
Hennart (1988)	R&D비용, 광고비, 경험, 산업성장률, 집중도	합작제휴의 소유지분비율	모 기업의 연구개발 강도가 높은 경우 full-owmership 선호
Osborn & Baughn(1990)	환경불확실성, 공동개발의도	제휴방식 (합작제휴 對 계약)	불확실성이 높을 경우 계약방식 제휴 선호, 공동개발의도 합작제휴와 정의 관계
Garcia-Canal Esteban (1996)	제휴복잡성, 제휴기간, 파트너수, 관련분야수, 자산특유성	제휴방식의 차이 (합작 對 계약)	제휴가 복잡할수록(파트너수 많고, 관련범위수 많고, 수평제휴, 기간이 길고, 자산특유성이 높을수록) 합작제휴 선택, 국제제휴는 복잡성 및 유형에 차이 있음
김이태 (1997)	거래특성 전략적 의도 정치·제도적 특징	제휴방식	전략적 의도와 환경변수가 제휴방식 선택에 영향을 미침

자료: 조정윤·(2001), 여경철(2001), 김이태(1997)의 연구에서 발췌·연구자 정리.

2) 기업 정보화 요인 관련 선행연구

기업 정보화 요인을 주요 결정요인으로 활용한 전략적 제휴 및 제휴유형 선택에 관한 선행연구는 조달제휴의 일종인 정보시스템과 아웃소싱 유형 결정에 관한 몇몇 연구를 제외하고는 매우 부족한 실정이다. 정보화 요인을 고려한 주요 선행연구들을 살펴보면 다음과 같다.

먼저 Thomas와 Trevino(1993)는 전략적 제휴의 구축과정에서 정보처리시스템이 갖는 의의를 고찰하고, 제휴가 정보처리메커니즘의 선택과 제휴 성립 시의 힘의 관리, 정치적 활동 및 정보처리 구조 등 제휴파트너 간의 의사소통시스템에 의해 좌우된다고 주장하였다. 그들은 정보관리시스템이 제휴 성공에 미치는 영향과 관련하여 전략적 제휴는 정보처리메커니즘과 협력적인 갈등해결 방법, 정치적 활동, 그리고 정보처리능력 등이 높아질수록 성공가능성이 높아지고, 제휴의 불확실성은 파트너 간의 의사소통이 증가함에 따라 점차 감소하게 된다고 주장하였다.

Mohr와 Spekman(1994)의 연구에서는 파트너의 태도, 의사소통 행위, 갈등해결기술 등에 의해 제휴의 성패가 결정되며, 특히 정보의 공유는 의사소통 행위를 좌우하는 매우 중요한 결정요인으로 파악하고 있다. 이렇듯 정보화 요인을 결정요인으로 파악하고 있는 주요 선행연구들에서는 제휴의 유형 선택의 결과물인 제휴의 성과에 관심을 두고 있으며, 정보화 요인을 제휴의 유형 및 성과를 결정짓는 독립적인 주요 결정요인으로 파악하고 있는 것이 아니라, 제휴파트너 간 의사소통을 보다 원활히 할 수 있는 매개체로 파악하는 데 그치고 있다.

정보화 요인을 제휴유형 선택의 주요 결정요인으로 파악하고 있는 선행연구는 전술하였던 바와 같이 주로 아웃소싱 관련 연구에 집중되어 있다. 이의 대표적인 연구들을 살펴보면 Loh(1993)의 연구, Grover, Teng 그리고 Cheon(1995)의 연구, Lee(1994)의 연구 등을 들 수 있다. 조직경제학적 관점에서 제휴를 연구한 Loh(1993)는 연구의 분석을 위하여 정보기술 관리 연구모형(IT governance research model)을 개발하였는데, Gurbaxani와 Whang(1991), Williamson(1979, 1988)의 연구를 기초로 하여 비용요인을 기업의 내부조직에서 발생하는 기업비용(firm cost)과 기업과 외부기업 간에 발생하는 관계비용(dyadic costs)으로 구분하고, 이러한 비용이 제휴 의사결정에 어떠한 영향을 미치는지를 구조방정식을 사용하여 검증하였다. 이에 따르면 정보화와 관련된 기업비용 및 관계비용에 대한 발생 정도가 클수록 해당기업은 제휴, 특히 아웃소싱을 선택하는 빈도가 높다는 결과가 도출되었으며, 이후 Borchers(1996)에 의하여 이 같은 연구결과가 검증되기도 하였다. Grover와 Teng 그리고 Cheon(1995)은 전략적인 관점에서 제휴를 접근하였다. 즉, 제휴의 유형은 인지된 성과와 실제 성과와의 불일치에 따라 달라지는데, 특히 정보시스템의 품질, 정보시스템 지원의 품질, 정보시스템의 비용의 대한 효과대비 실제 성과가 낮을수록 제휴, 특히 아웃소싱을 선택하게 된다고 보고 있다.

또한 Lee(1994)는 정보시스템 아웃소싱 의사결정에 영향을 주는 요인들을 확인하였는데, 아웃소싱을 통해 얻을 수 있는 이점과 보안에 대한 위험, 자율성에 대한 위험, 정보시스템의 공헌도 등이 정보시스템 아웃소싱 유형 결정에 영향을 줄 것으로 보고 실증분석을 실시하였다. 분석결과 아웃소싱을 통해 얻을 수 있는 이점과 아웃소싱 의사결정과는 정(+)의 상관관계가 있으며, 보안위험, 자율성에 대한 위험, 정보시스템 기능의 공헌도는 아웃소싱 의사결정과 부(-)의 관계가 있는 것으로 나타났다. 현재까지 수행된 기업 정보화 요인과 관련된 제휴유형 선택에 관한 선행연구는 매우 부족한 실정이나, 탐색적인 차원에서 정보화 요인을 고려한 제휴유형 선택에 관한 연구는 매우 큰 의의를 지닌다고 할 수 있을 것이다. 이상에서 논의되었던 정보화 관련 제휴유형 선택에 관한 주요 실증분석의 내용을 정리하면 아래의 〈표 Ⅱ-7〉과 같다.

<표 II-7> 정보화 관련 제휴유형 선택에 관한 기존연구의 정리

연구자	주요 결정요인	종속변수
Cheon(1992)	-비경제적 요인: 정보품질 차이, 정보시스템 지원품질 차이, 정보시스템 비용효과 차이, 전략적 지향, IT의 역할, 재무적 성과 차이	제휴의 정도
Loh and Venkatraman (1992)	사업부 비용구조, 사업부성과, IT 비용구조, IT 성과, 재무레버리지	IT 아웃소싱 정도
Loh(1993)	-경제적 요인: 외부생산원가우위, 거래비용 -비경제적 요인: 여유자원, IT 중요성, 모방, 외부 서비스제공회사의 주장, IT 전문가집단의 권유, 외부 규제기관의 권유, 기업 간접활동 관리방식	전략적 제휴 (정보시스템 아웃소싱)
Grover, Cheon and Teng(1994)	-비경제적 요인: 규모, 산업유형, 정보강도	제휴의 정도
Lee(1994)	-경제적 요인: 외부 생산원가 우위, 기술적 불확실성, 수량불확실성 -비경제적 요인: 전략적 초점, 정보서비스 품질유인, 기술적지원유인, 정보시스템의중요성, 자율성위험, 안전성위험, 결과위험	정보시스템 아웃소싱, 아웃소싱선호

자료: 손영욱(1998), 김종민, 김성국, 권혁기(2000)의 연구에서 발췌·연구자 정리.

다음 장에서는 지금까지 살펴보았던 이론적 논의를 토대로 연구모형의 설정 및 연구가설의 개발을 통해 보다 깊이 있는 분석을 시행하고자 한다.

Ⅲ. 연구설계

1. 연구모형의 설계

본 절에서는 전략적 제휴유형 선택에 있어 기업 정보화 관련 요인이 결정요인으로 작용할 수 있는가에 관한 이론적인 연구분석의 틀을 제시하는 데 그 목적이 있다. 즉 본 연구에서 파악하고자 하는 사항은 기업 정보시스템 관련 요인의 수준과 정보시스템 관련 위험의 정도가 제휴당사자 간의 긴밀성과 지분참여 정도에 어떠한 영향을 미치며, 궁극적으로 이들 요인들이 전략적 제휴유형 선택에 어떠한 영향을 미칠 것인가 하는 것이며, 본 절에서는 이러한 분석을 가능하도록 하는 이론적인 분석의 틀을 마련하는 데 그 목적이 있다고 할 수 있다.

제Ⅱ장 이론적 고찰에서 살펴보았듯이 기업의 전략적 제휴유형 선택의 결정요인은 제휴의 동기, 파트너기업과의 협력 등 매우 다양한 관점에서 이해되어 왔다. 이 가운데 Bleeke와 Ernst(1993)는 제휴의 추진목적과 기업들의 지분참여 정도, 제휴당사자들 간의 몰입(commitment)의 정도에 따라 제휴의 유형이 결정된다고 설명하고 있다. 본 연구에서는 제휴유형을 Bleeke와 Ernst(1993)이 제시한 합작투자와 기능별 제휴로 분류하였으며, 제휴유형은 기업들의 지분참여도와 제휴당사자들 간의 친밀도에 영향을 받게 된다. 또한 그동안의 연구를 바탕으로 제휴유형 선택에 영향을 미치는 기업 정보화 요인을 정보시스템 요인과 정보화 위험요인으로 구분하였다. 즉 정보시스템 요인에는 정보의 품질특성, 정보시스템 지원수준, 정보시스템 비용효과의 만족도 등의 요인을 연구모형에 포함시켰으며, 정보화 위험요인에는 제휴에 따른 핵심역량 상실위험, 비용증가위험, 안전성 위험 등의 요인들을 연구모형에 포함시켰다. 이는 기업 정보화 요인을 내부의 정보시스템과 관련된 요인과 제휴에 의해 야기될 수 있는 정보화 위험요인으로 분류함으로써 기업 정보화 요인과 제휴의 유형 선택 간의 종합적이고 구체적인 분석이 가능할 것으로 판단되었기 때문이다.

이 책의 연구과제를 수행하기 위한 연구모형을 그림으로 나타내면 〈그림 Ⅲ-1〉과 같다.

<그림 Ⅲ-1> 연구모형

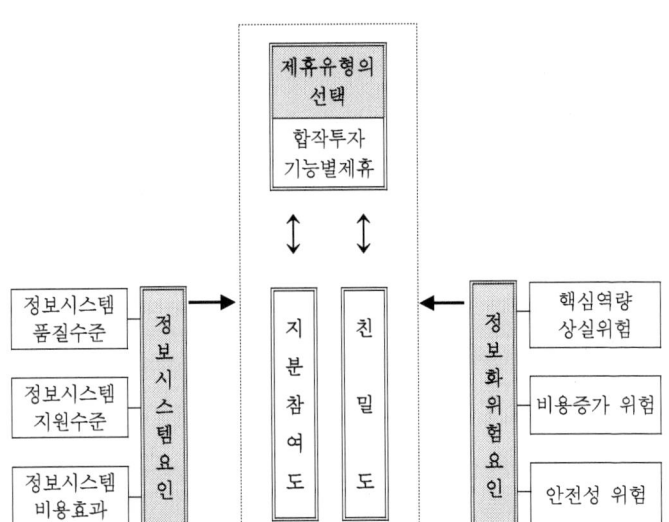

2. 연구가설

가설(hypothesis)이란 두 개 또는 그 이상의 변수들 간의 관계를 나타내는 문장으로서 연구자가 연구를 통하여 밝히고자 하는 현상을 요약한 것을 의미한다. 즉, 검증(verification)을 필요로 하는 잠정적 결론(tentative conclusion)인 것이다(이현식, 1997). 전술한 바와 같이 선행연구를 바탕으로 한 연구모형이 제시되었고, 실증분석에 필요한 연구가설을 제시하고자 한다.

본 연구에서는 기업의 제휴유형 선택에 영향을 끼치는 기업 정보화 결정요인을 크게 정보시스템 요인과 정보화 위험요인으로 구분하였으며, 이들 요인은 제휴유형 선택에 결정적 영향을 미치는 파트너 간 친밀도 및 지분참여도에 중요한 영향을 미치고 있으며, 기업의 제휴유형에도 영향을 미칠 것이라는 가정하에 다음과 같은 연구가설을 설정하였다.

1) 정보시스템 요인에 관한 연구가설

가설 1	기업 내부 정보시스템에 대한 만족도가 낮을수록, 제휴파트너 간 친밀도가 높을 것이다.
가설 2	기업 내부 정보시스템에 대한 만족도가 낮은 기업일수록 제휴 지분참여도는 높을 것이다.
가설 3	기업 내부 정보시스템에 대한 만족도가 낮을수록, 제휴유형 가운데 합작투자방식을 선택할 가능성이 높을 것이다.

(1) 정보의 품질

정보의 품질은 정보시스템의 효과를 평가하는 가장 중요한 요인이며, 정보시스템을 통한 전략적 제휴의 성과를 평가하는 데 있어서도 매우 중요한 요인이라 할 수 있다. 기업이 타 기업과 제휴관계를 맺고자 하는 가장 큰 이유는 기업 내부의 정보시스템을 이용하는 경우보다 저원가로 신속, 정확한 정보를 얻을 수 있기 때문이다(Konsynski, 1993).

결국 기업 내부의 정보시스템을 통하여 제공되는 정보의 품질 특성이 만족스럽다면 타 기업과의 전략적 제휴를 고려하지 않거나 제휴관계를 맺더라도 지분참여도 및 제휴파트너와의 긴밀도가 낮은 형태의 제휴를 선택할 가능성이 높으나, 그렇지 않은 경우는 만족스러운 정보를 제공받기 위해 유능한 외부기업과의 전략적 제휴를 적극적으로 고려할 것이라고 생각할 수 있다.

가설 1-1	기업 내부 정보시스템의 품질수준에 대한 만족도가 낮을수록 해당기업과 제휴파트너 간의 친밀도는 높을 것이다.
가설 2-1	기업 내부 정보시스템의 품질수준에 대한 만족도가 낮은 기업일수록 제휴의 지분참여도가 높을 것이다.
가설 3-1	기업 내부 정보시스템의 품질수준에 대한 만족도가 낮을수록, 합작투자방식의 제휴유형을 선택할 가능성이 높아질 것이다.

(2) 정보시스템의 지원수준

전략적 제휴는 기업이 보유하고 있는 정보시스템의 만족도 차이에 따라 성립 가능하며, 제휴의 성과도 달라질 수 있다(Thomas & Trevino, 1993). 정보시스템 지원수준은 기업 정보화의 효과를 평가하는 중요한 요인이며, 정보시스템 기술지원의 차이에 따라 기업의 제휴유형 선택은 달라질 것이다. 왜냐하면, 기업 내 정보처리능력, 정보시스템 전문가 및 기술적 노하우 등이 부족하거나, 정보시스템의 기업 간 상호 보완성이 큰 경우 이를 보완할 목적으로 제휴의 성립이 가능하기 때문이다(Loh, 1993). 따라서 기업이 요구하는 정보시스템의 능력 및 질적 수준과 내부 정보시스템의 지원수준 간에 "차이(gap)"가 발생할 경우, 해당기업은 이러한 차이를 줄이기 위해 타 기업과의 전략적 제휴를 보다 적극적으로 모색할 것이다(Grover, Teng & Cheon, 1995). 따라서 가설은 다음과 같이 설정될 수 있다.

가설 1-2	기업 내부 정보시스템의 지원수준에 대한 만족도가 낮을수록 해당기업과 제휴파트너 간의 친밀도는 높을 것이다.
가설 2-2	기업 내부 정보시스템의 지원수준에 대한 만족도가 낮은 기업일수록 제휴의 지분참여도가 높을 것이다.
가설 3-2	기업 내부 정보시스템의 지원수준에 대한 만족도가 낮을수록, 합작투자방식의 제휴유형을 선택할 가능성이 높아질 것이다.

(3) 정보시스템의 비용효과

최근 기업에서 전체 예산 가운데 기업 정보화 및 정보시스템과 관련된 예산의 비율은 점차 감소하고 있으나, 여전히 기업 정보화 및 정보시스템 관련 지출이 기업 지출의 50%를 상회하고 있어, 기업들은 정보화 관련 비용을 절감할 수 있는 방안의 모색에 고심하고 있는 실정이다. 이 같은 기업 정보화 구축 시 초기 투자비용에 대한 부담이 기업 정보화의 도입을 가로막는 주요 장해요인으로 작용하고 있는 실정이다.2) 이러한 상황에서 전략적 제휴는 기업 정보화 투자를 위해 묶여 있는 자본을 자유롭게 하고, 운영 비용을 절감할 수 있으므로 기업의 재무적 어려움 해소에 있어서 매우 유용한 전략이 될 수 있다. 따라서 기업 간 제휴는 제휴당사자들이 이전과 같은 규모의 예산투입으로 정보서비스를 개선할 수 있으며, 정보시스템의 효율성을 제고시킬 수 있는 전략적 대안이 될 수 있다.

따라서, 정보시스템의 비용대비 효과가 만족스럽지 못할 경우, 해당기업은 같은 예산투입으로 더욱 큰 효과를 얻을 수 있는 전략적 제휴를 보다 적극적으로 모색할 것으로 예상할 수 있다.

---

2) 한국전산원, "중소기업의 e - 비즈니스 실태 및 시범사업의 타당성 조사 보고서", 2000. 12, pp.11-12.

가설 1-3	기업 내부 정보시스템에 소요되는 비용대비 효과의 만족도가 낮을수록 해당기업과 제휴파트너 간의 친밀도는 높을 것이다.

가설 2-3	기업 내부 정보시스템에 소요되는 비용대비 효과의 만족도 가 낮은 기업일수록 제휴의 지분참여도가 높을 것이다.

가설 3-3	기업 내부 정보시스템에 소요되는 비용대비 효과의 만족도 가 낮을수록, 합작투자방식의 제휴유형을 선택할 가능성이 높아질 것이다.

2) 정보화 위험요인에 관한 연구가설

가설 4	정보화 관련 위험도가 클수록, 제휴파트너 간 친밀도는 낮 을 것이다.

가설 5	정보화 관련 위험도가 클수록, 해당기업의 제휴에 대한 지 분참여도는 낮을 것이다.

가설 6	정보화 관련 위험도가 클수록, 제휴유형 가운데 기능별 제 휴를 선택할 가능성이 높을 것이다.

(1) 핵심역량의 상실위험

전략적 제휴의 제휴당사자들은 많은 위험에 직면할 수 있다. 이 가운데 핵심역량의 상실위험이란 제휴과정에서 정보를 공유함에 따라, 기업의 핵심역량, 특히 정보화 관련 핵심경쟁력을 상실하게 되는 위험이며, 제휴에 있어서 가장 근본적인 위험이라 할 수 있다(Mowery, Oxley & Silverman, 1996). 상술하였던 바와 같이 제휴 시 파트너와의 자원과 정보의 공유가 필수적이므로 기업은 자신의 중요한 핵심역량을 상실할지도 모른다는 가능성과 위험성을 미리 고려하고 전략을 수립해야 하며, 기업 각각의 기능별 분야 간의 밀접한 상호 협력관계를 잃지 않도록 유의해야 할 것이다. 따라서 제휴에 따른 정보화 관련 핵심역량의 상실위험 가능성이 높으면 기업들은 전략적 제휴를 꺼리거나, 제휴관계를 맺더라도 지분참여도가 낮고, 파트너 간 친밀도가 낮은, 긴밀도가 낮은 유형의 제휴를 선택할 가능성이 높을 것이다.

이상의 논의사항을 기초로 하여 다음과 같은 가설을 설정할 수 있다.

가설 4-1	정보화 관련 핵심역량 상실위험의 정도가 클수록, 제휴의 친밀도는 낮을 것이다.

가설 5-1	정보화 관련 핵심역량 상실위험의 정도가 클수록, 해당기업의 제휴에 대한 지분참여도는 낮을 것이다.

가설 6-1	정보화 관련 핵심역량 상실위험의 정도가 클수록, 해당기업은 제휴유형 가운데 기능별 제휴를 선택할 가능성이 높을 것이다.

(2) 비용증가의 위험

기업들이 전략적 제휴를 맺는 가장 주요한 동기는 제휴를 통하여 효율을 증대하고 비용을 감소함으로써 경쟁우위를 확보하기 위함이라 할 수 있다(Kogut, 1988). 그러나 실제로는 제휴를 통한 경우가 내부에서 정보시스템 활동을 조달하는 경우보다 비용증가를 초래하는 경우가 발생하고 있다(Lacity & Hirschheim, 1993). 이 같은 현상이 발생하는 이유로는 첫째, 정보화 관련 전략적 제휴에는 제휴기업들이 과소평가하기 쉬운 장비의 재배치 및 구축비용 등의 장비구축비용과 제휴관리상의 잠재비용이 존재하여 기업 내부에서 정보화를 시행하는 경우보다 더 많은 비용이 소요될 수 있기 때문이다. 따라서 전략적 제휴에 소요되는 비용이 제휴를 맺지 않고 기업 정보화를 추진하는 경우보다 더 많이 소요될 것으로 예상되는 경우 제휴를 꺼리거나, 기능별 제휴와 같이 지분참여도나 파트너 간의 친밀도가 낮은 형태의 제휴유형을 선택하게 될 것이다. 이상의 내용을 기초로 다음과 같은 가설을 설정할 수 있다.

가설 4-2	자체적인 기업 정보화보다 제휴를 통한 기업 정보화 소요 예산에 대한 증가위험의 정도가 클수록, 제휴의 친밀도는 낮을 것이다.

가설 5-2	자체적인 기업 정보화보다 제휴 시 정보화 소요예산에 대한 증가위험의 정도가 클수록, 해당기업의 제휴에 대한 지분참여도는 낮을 것이다.

가설 6-2	자체적인 기업 정보화보다 제휴 시 정보화 소요예산에 대한 증가위험의 정도가 클수록, 해당기업은 제휴유형 중에 기능별 제휴를 선택할 가능성이 높을 것이다.

(3) 안전성 위험

과거에는 정보의 체계적인 관리나 이용이 어려웠으나, 인터넷이라는 전자적 네트워크와 정보기술의 발달로 인해 정보통합과 정보접근이 조직의 욕구를 충분히 충족시켜줄 수 있는 수준까지 향상되었다. 이러한 정보통신기술 및 전자적 네트워크의 발달은 정보 공유의 기회를 확대시킴으로써 보다 많은 사람들이 정보화의 혜택을 누릴 수 있도록 하였으나, 반대로 불특정 다수가 정보시스템에 접근할 수 있는 길도 열어줌으로써 데이터의 안전성 문제와 비권한자의 자료 접근가능성의 문제 등 정보의 안전성 문제가 기업의 각종 전략 수립 시 새로운 고려대상으로 제기되게 되었다(백주현, 천세학, 2003).

특히 기업 정보화 투자에 있어 안전성 문제는 중요한 동기요인으로 작용할 뿐 아니라 기업이 지속적으로 관심을 기울여야 할 사항이므로, 기업 간의 제휴 시 내부 정보 누설과 관련한 안전성 위험은 중요한 고려사항이 아닐 수 없다(Grover, Teng & Cheon, 1995). 따라서 자료의 외부 누설위험 정도와 비권한자의 접근가능성의 정도 등 정보화 관련 안전성 위험은 제휴유형 선택의 의사결정상 고려요인이라 할 수 있다. 따라서 이러한 논의를 바탕으로 안전성 위험과 관련하여 다음과 같은 연구가설을 설정할 수 있다.

가설 4-3	제휴 시 정보시스템의 안전성 위험이 커질수록, 제휴의 친밀도는 낮을 것이다.

가설 5-3	제휴 시 정보시스템의 안전성 위험이 커질수록, 해당기업의 제휴에 대한 지분참여도는 낮을 것이다.

가설 6-3	제휴 시 정보시스템의 안전성 위험이 커질수록, 해당기업은 제휴유형 중에 기능별 제휴를 선택할 가능성이 높을 것이다.

3) 제휴의 친밀도 및 지분참여도와 제휴유형 선택 간의 관계

Bleeke와 Ernst(1993)를 비롯한 다수의 선행연구들[3]에서는 제휴의 긴밀성과 제휴의 유형이 정(+)의 관계를 갖는다고 주장하였으며, 본 연구에서도 이 같은 선행연구의 주장을 받아들여서 연구모형 및 연구가설을 설정하였다. 따라서 제휴의 친밀도 및 지분참여도와 제휴유형 간의 관계를 규명하는 것은 선행연구의 결과를 확인하며, 본 연구의 모형 및 가설의 근거를 보다 명확히 할 수 있다는 점에서 반드시 시행되어야 할 연구과제라고 할 수 있다. 다수의 선행연구에서 주장하고 있는 제휴유형과 제휴의 친밀도 및 지분참여도 간의 관계는 다음과 같다. 전략적 제휴에서 가장 단순하고 단기적 성격이 높은 제휴의 형태는 연구개발컨소시움 또는 기술제휴이다. 그에 반해 합작투자는 기업들의 지분참여도가 높고 제휴당사자들 간의 몰입의 정도가 높은 제휴형태라는 것이다. 이와 같이 선행연구에서는 기능별 제휴보다 합작투자에서 더욱더 긴밀한 제휴관계를 나타낸다고 보았다. 또한 기업이 어떤 제휴유형을 선택하는가에 따라 제휴파트너 간 친밀도 및 제휴의

---

3) 이와 관련된 대표적인 선행연구로는 Bleeke & Ernst(1993); Mody (1993); Park & Kim(1999) 등이 있다.

지분참여도도 영향을 받게 됨으로 제휴유형과 파트너 간 친밀도
및 지분참여도는 상호 영향을 미칠 것으로 생각된다. 그러므로 이
상에서 언급한 이론적 근거에 따라 제휴의 친밀도 및 지분참여도
와 제휴유형과는 다음과 관계가 있을 것으로 예상할 수 있다.

가설 7-1	제휴파트너 간 친밀감의 정도가 높을수록 합작투자방식을 선택할 가능성이 높을 것이다.
가설 7-2	제휴의 유형을 합작투자방식을 채택하고 있는 기업 간의 친밀도는 기능별 제휴방식을 채택하고 있는 기업보다 높을 것이다.

가설 8-1	제휴의 지분참여의 정도는 기업이 선택하게 되는 제휴의 유형과 관계가 있다.
가설 8-2	합작투자방식은 기능별 제휴보다 지분참여의 정도가 더 높다고 볼 수 있다.

Ⅳ. 연구 조사방법

1. 변수의 정의 및 측정

1) 종속변수

분석의 대상이 되는 국제 전략적 제휴는 국내기업과 외국기업 간의 협력협정으로 정의하며, 제휴의 유형은 Bleeke와 Ernst의 연구(1993)에서 분류하였던 기준에 따라 크게 합작투자와 기능별 제휴로 해당기업이 선택할 수 있는 제휴의 유형을 구분하였다. 여기에서 합작투자란 파트너에 대한 친밀도 및 지분참여도가 높고, 제휴당사자들 간에 몰입의 정도가 높은 제휴의 형태를 의미하며, 핵심사업 합작투자, 판매합작투자, 생산합작투자, 연구개발 합작투자 등이 이에 해당된다. 한편 기능별 제휴란 단기적이고 지분 또는 자본의 참여도가 낮은 수준이거나 혹은 전혀 없으며, 주로 계약에 의해서 제휴관계가 수행되는 제휴의 형태를 지칭하며 판매제휴, 생산라이센스, 기술제휴, 연구개발컨소시움 등이 이에 해당된다. 이러한 개념적 정의에 따라 본 연구에서는 제휴의 유형을 합작투자와 기능별 제휴로 구분하여 측정하였으며, 각 제휴유형에 해당되는 세부적인 제휴유형에 표본기업들이 직접 응답하도록 하였다. 이에 대해 기능별 제휴로 표시한 응답에 대해서는 '0'으로 코딩하고, 합작투자로 표시한 응답에 대해서는 '1'로 코딩하여 통계분석을 실시하였다.

한편, 본 연구에서는 기업 정보화 요인과 제휴유형 선택의 문제를 보다 명확하게 측정하기 위하여 주요 선행연구(Bleeke & Ernst, 1993; Mody, 1993; Park & Kim, 1999)에서 기업의 제휴유형 선택에 영향을 미치는 주요 결정요인인 것으로 파악되었던 제휴 지분참여도와 제휴파트너 간 친밀도를 5점 리커트 척도화하여 종속변수인 제휴의 유형 및 독립변수들과의 실증분석을 실시하였다.

2) 독립변수

(1) 정보시스템 요인

① 정보의 품질

정보의 품질은 일반적으로 해당정보가 어떻게 인간의 행동에 동기를 부여하고 효과적인 의사결정에 기여하는가에 따라 결정된다고 할 수 있다(이현배, 신현길, 1998). 그러나 정보의 품질을 계량화한다는 것은 현실적으로 많은 어려움이 따르며, 현실 세계에서는 정보가 가져야 할 속성(attribute)을 바탕으로 도출된 몇 가지 정성적 기준에 따라 정보의 품질을 평가하는 것이 일반적이다. 이와 같은 정보의 품질(quality)을 결정하는 속성으로는 학자에 따라 다양한 요소들이 제시되고 있다. Grönroos(1984)는 정보의 품질을 기술적 품질과 기능적 품질로 분류되며, 기술적 품질에는 전문성과 기술, 기능적 품질은 태도와 행위, 접근성과 유연성, 신뢰성과 믿음, 서비스 회복 등의 요인을 사용하여 측정될 수 있다고 보았다. Lapierre(1986)는 이를 보완하여, 기술적 품질에는 신뢰성, 서비스회복, 고객의 참여, 네트워크의 기술적 성과를 기능적 품질에는 태도와 행위, 접근성과 유연성, 신뢰성, 서비스 회복, 고객의 참여, 지식 및 기술로 각각 구분하였다. Gallagher(1974)은 정보의 품질을 적절성, 정보성, 유용성, 중요성 등으로 구분하여 측정하였으며, 국내의 대표적인 선행연구라 할 수 있는 천면중 (1994)의 연구에서는 신뢰성, 적절성, 정확성, 명확성, 완전성 등으로 정보의 품질을 측정하였다.

이러한 연구를 바탕으로 본 연구에서는 정보의 품질을 제휴의 유형 선택이라는 경영의사결정 과정에서의 정보의 기여 정도로 정의하고, 이의 측정에 있어 선행연구들에서 사용하였던 측정도구들을 적용하기로 하였다. 즉, 정보의 품질을 나타내는 세부속성들은 천명중, Gallagher, Brien(1991) 등의 연구에서 공통적으로 제시한 속성인 신뢰성, 접근성, 유연성, 명확성, 완전성 등 5개의 문항으로 구성하였으며, 5점 척도를 활용하였다.

② 정보시스템의 지원수준

정보시스템의 지원수준은 경영활동의 기초를 이루고 있으며, 이를 측면에서 지원하는 사무관리 및 문서작성 시스템, 성과측정 및 비용산출 시스템 등의 정보시스템의 수준을 의미한다고 할 수 있다(심규열, 이현기, 김우현, 2001). 정보시스템의 지원수준에 관한 연구는 Gorry와 Morton(1971)에 의하여 최초로 준거틀이 제시된 후, 여러 학자들에 의하여 지속적으로 연구되어 왔다. Davis와 Olson(1985)의 연구에서는 정보시스템의 지원수준의 측정도구로 운영요소, 의사결정지원, 경영활동 및 조직기능 등을 제시하였으며, Wiseman(1988)은 정보시스템의 기능 및 활용도를 기준으로 정보시스템의 지원수준을 측정하였다.

한편, Miller와 Doyle(1987)은 정보시스템의 지원수준을 정보시스템의 효율성으로 파악하고, 이를 측정하기 위한 도구로 즉각적인 정보시스템의 프로세싱능력, 변화에 대한 민감성, 새로운 사업제안에 대한 정보시스템의 지원능력, 생산정보의 유연성 등을 통하여 정보시스템의 지원수준을 측정하고자 하였다. Bailey와 Perrson(1983)은 접근의 편이성, 시스템의 유연성, 시스템의 통합, 응답시간 등으로 시스템의 지원수준을 측정하였다. 국내의 가장 대표적인 선행연구로 꼽히는 천면중(1994)의 연구에서도 Miller와 Doyle의 연구에서 사용되었던 측정변수들을 거의 동일하게 사용하여 정보시스템의 지원수준을 측정하였다.

본 연구에서는 이러한 과거의 연구를 토대로 정보시스템의 지원수준을 정보시스템의 효율성(effectiveness)의 정도로 정의하였으며, 정보시스템 지원수준의 세부 속성들은 여러 선행연구들 가운데 Miller와 Doyle, 천면중 등이 사용한 측정도구들을 약간 변화하여 변화에 대한 민감성, 생산된 자료(data)의 유연성(flexibility), 새로운 시스템의 lead time의 정도, 내부 정보시스템의 접근성 등 모두 4개의 문항에 대한 만족의 정도 등으로 구성하였으며, 측정 시 리커트 5점 척도를 사용하였다.

③ 정보시스템의 비용효과

정보시스템의 비용효과란 투자대상인 정보시스템을 구축하고 운용하는 데 소요되는 비용[4] 및 정보시스템 구축으로 인한 경영

---

4) 정보시스템의 비용은 직접비용과 간접비용으로 분류할 수 있다. 직접 분류란 시스템의 개발, 운용, 유지보수 등에 투자되는 시설비, 하드웨

성과의 향상효과를 측정하여 비교하는 것을 의미한다. 즉, 정보시스템이 성공할 경우 높은 경제적 가치를 갖게 되며, 이 경우 정보시스템에 소요되는 비용보다 정보시스템의 구축을 통한 향상효과로부터 얻는 편익이 커짐으로서 높은 수준의 수익발생을 가능하게 한다(이언배, 신현길, 1999).

이 같은 정보시스템 비용효과는 정보시스템을 통해 계산될 수 있는 실제 비용과 편익을 대체한 개념인 정보시스템의 투자가치로 측정될 수 있을 것이며, 비용 및 효과수치들을 사용하여 계량화할 수 있는 투자수익률(ROI)을 통한 측정방법과 비용 또는 효과 측면에서 모든 정보시스템의 활동 및 지출들을 재평가할 수 있는 영점기준 예산편성(zero-based budgeting) 등의 방법이 가능할 것이다. 그러나 이 두 가지 접근방법은 첫째 많은 효과들을 계량화하기 어려운 경우가 있으며, 둘째 너무 비용과 편익에만 치중된 측정방법이므로 균형 있는 결과를 제공할 수 없는 경우가 있으며, 셋째 많은 시간이 소요되는 등의 단점으로 인해 본 연구의 측정방법으로 채택하기는 현실적으로 어렵다(Grover and Teng, 1993).

따라서 본 연구는 정보시스템의 비용효과를 정보시스템 예산투입에 대한 경영효율의 향상으로 정의하며, Amett와 Jones의 연구(1994) 및 천면중의 연구(1994)에서 사용하였던 측정도구들을 약간 수정하여 정보시스템 지원의 개선, 제휴로 인한 네트워크관리 및 유지비용의 개선, 정보제휴로 인한 경영효율성, 시스템 계획과

어 구입비, 소프트웨어 구입비, 인건비, 기타 운영비 등을 의미하며, 간접비용은 시스템 개발에 참여한 사용자의 노력이나 시스템 도입에 따르는 변화를 수용하는 비용 등 무형적이며 복잡한 발생요인 등으로 회계적으로 파악이 불가능한 비용을 말한다.

관리 등 4개의 항목으로 구성되었으며, 각각의 항목들에 대해 5점 척도를 사용하였다.

(2) 정보화 위험요인

① 핵심역량의 상실위험

핵심역량(core competence)이란 과거에 기업을 이끌어 왔고 추가 역량을 축적시키면서 미래 성장의 견인차 역할을 할 수 있으며, 기업 내부에 있는 총체적인 능력, 기술, 지식, 문화 등의 총체를 의미한다(이칠, 1994). 또한, 기업이 잘하는 활동을 의미하는 것이 아니라 경쟁기업에 비해 잘 할 수 있는 상대적인 경쟁능력이며, 경쟁우위를 기업에게 가져다주는 능력이라고 할 수 있다(Hamel and Prahalad, 1995).

전술한 바와 같이 제휴기업들은 전략적 제휴로 인해 높은 성과를 얻을 수 있다. 그러나 그와 동시에 많은 위험에도 직면하게 되는데 핵심역량 상실위험은 자원과 정보를 공유함으로써 기업 정보화 활동에 대한 핵심역량을 상실하게 되는 위험이며, 제휴의 체결 및 의사결정 시 우리가 고려하고 있는 정보화 관련 요인 가운데 가장 큰 위험요인이라 할 수 있다. 즉, 제휴는 제휴파트너의 장기적 투자나 전문적인 능력 등을 이용할 수 있음으로 위험 감소와 최소 투자로 고객욕구에 민첩하게 반응할 수 있는 장점이 있으나, 정보와 자원을 공유함으로써 기업의 중요한 정보와 자원이 노출될 우려가 있다는 것이다. 본 연구에서는 핵심역량 상실위험의 측정은 Annie Brooking(1987)이 제시한 시장자산, 인간중심자산, 지적소유자산, 인프라자산 등 기업 정보화 관련 핵심역량을 구성하고 있는 지식자산들의 상실위험의 정도를 5점 리커드 척도로 측정하였다.

② 비용증가의 위험

비용증가의 위험은 전략적 제휴유형 선택 시 고려해야 할 매우 중요한 요인 중의 하나로서 기업 정보화 관련 서비스비용과 통제 및 감시비용, 보안의 문제, 서비스 유지를 위해 추가되는 자원 및 기술비용, 장비 재배치 및 구축비용, 이전비용 등 전략적 제휴실행 시 매우 다양한 형태로 나타나고 있다(천명중, 1994; Loh, 1993).

비용증가 위험요인들은 궁극적으로 전략적 제휴의 비용증대 및 기업의 재무적 성과에 영향을 미칠 수 있으므로 이들 비용요소의 증가위험은 제휴유형 선택 시 매우 중요한 결정요인으로 작용할 것이다. 비용증가위험은 제휴 시 발생가능한 정보화 관련 비용요인의 발생 정도로 정의되며, 비용증가위험을 측정하기 위해서 기존의 선행연구에서 공통적으로 논의되었던 4개의 항목을 선정하였으며, 측정은 5점 리커트 척도로 이루어졌다.

③ 안전성 위험

기업 정보화의 특징은 기업의 정보가 디지털화되어 컴퓨터시스템에서 처리되며, 이러한 정보가 정보시스템이나 인터넷 등 네트워크화된 통신망을 통하여 시간과 장소의 제약 없이 전 세계로 유통될 수 있으므로 정보접근이 매우 용이하다는 데 있다고 할 수 있다. 특히, 점차 그 중요성이 증대되고 있는 인터넷의 불충분한 안전성 때문에 제휴관계를 형성하고자 하는 기업들이 받아들이기 힘든 위험을 지각하는 경우에 기업들은 제휴에 참여하려 하지 않거나 부담이 적은 제휴유형을 선택하게 될 것이다. 따라서 정보시스템의 안전성은 정보화와 관련한 국제 전략적 제휴유형 선택에 있어 중요한 결정요인이 될 것이다.

본 연구에서는 안전성 위험을 제휴에 따른 정보 누설의 정도로 정의하고, Benjamin과 Blunt의 연구(1992) 등 각종 선행연구들에서 제시된 바와 같이 전략적 제휴와 관련된 자료(data)의 외부누설가능성, 비권한자의 접근가능성, 내부 정보의 누설가능성 등 4개의 항목에 대하여 5점 리커트 척도를 통하여 측정하였다.

2. 자료의 분석방법

본 연구에서는 연구가설의 검정과 측정변수의 신뢰성 및 타당성 검정을 위하여 〈그림 Ⅲ-1〉에서 제시한 연구모형의 절차에 따라 가설에 적합한 분석방법으로 다양한 분석방법들을 사용하여 자료를 분석하였다.

우선 자료(data) 입력의 정확성을 점검하고 각 변수들과 표본기업 및 제휴사업에 관한 일반적인 특성들을 파악하기 위하여 빈도분석(frequency analysis)과 기술통계량 분석(descriptive analysis)을 실시하였다. 그 다음 측정변수의 신뢰성 정도를 검정하기 위하여 Cronbach's Alpha 계수를 사용하여 신뢰도를 검사하였다. 타당성 측정을 위해서는 제휴유형 결정요인 및 제휴유형 선택에 영향을 미치는 요인에 대한 주성분 요인분석(Principle Component Analysis: PCA)을 실시하였으며, 변수 간 잠정적 관계를 미리 파악하여 설정된 가설이 타당한지를 잠정적으로 판단하기 위하여 요인별 상관관계 분석을 실시하였다. 아울러 본 연구의 가설검증을 위해서는 T 검정과 다중회귀분석(multiple regression analysis)을 실시하였다.

수집된 응답자료의 통계처리는 사회과학 조사방법에서 가장 많이 사용되고 있는 통계 패키지 프로그램인 사회과학 통계 패키지(statistical package for the social science: SPSS PC+) 10.0버전을 사용하였다.

V. 실증분석

1. 표본설계 및 자료의 구성

1) 표본의 설계

선행연구를 토대로 연구모형과 가설을 도출하고, 이에 의거하여 설문지를 개발하였으며, 표본은 2003년도 매출액 순위 1,000대 기업 중 선행연구, 산업자원부 등에서 제공하는 자료 및 각종 2차 자료[5]로부터 국제 전략적 제휴를 맺고 있는 것으로 파악된 350개 기업을 선정하여, 우편조사(mail survay)를 통해 수집하였다. 본 연구에서 조사대상을 매출액 순위 1,000대 기업으로 한정한 것은 전략적 제휴관계가 일반적으로 기술이나 기타 자원 및 능력 면에서 강점을 지닌 기업들 간에 형성되는 비중이 높으며, 기업의 규모가 클수록 기술력, 자본력 등 기업의 능력이 우수하다고 판단될 수 있으며, 대기업의 기업 정보화 수준이 중소기업에 비하여 크게 높기 때문이다.[6]

---

5) 표본선정 시 참고한 선행연구로는 이명영(2000); 박준용(2001); 박준우(2001); 김문주(2002) 등이 있으며, 참고자료로는 한국경제신문, 「2003년 한국 100대기업」, 한경비즈니스 제389호, 2003. 5. 19.; 매일경제신문사, 「매경 1000대 기업」, 2002. 4. 12.; 전국 경제인연합회 홈페이지(http://www.fki.or.kr/) 등을 참조하였음.
6) 기업 정보화지원센터, 「2002 기업 정보화 수준평가 결과보고서」, 2002, p.46.

조사의 수단으로는 일반 우편과 함께 전자메일(e-mail) 및 각 표본기업들의 팩스(fax), 그리고 직접 면접법 등을 모두 이용하였다. 설문지의 발송과 회수는 2003년 7월~9월 중에 이루어졌으며, 사전 조사기간을 포함하여 약 3개월이 소요되었다. 설문지에는 조사의 목적 및 협조요청 등과 함께 가능한 한 표본기업들의 부장급 이상의 기업 정보화 관련 임원들이 응답해 줄 것을 요청하였다. 기업 정보화 관련 임원들을 일차적인 정보원으로 선정한 이유는 이들이 해당기업에서 수행하고 있는 정보화 관련 전략적 제휴의 내용과 과정을 비롯하여 기업의 내·외부 환경 및 기업특성, 정보화 동향 등에 관하여 가장 잘 알고 있을 것으로 판단되었기 때문이다. 그러나 기업 정보화 관련 임원이 시간 및 여건상의 문제 등으로 인해 부득이 응답하지 못할 경우, 표본기업의 정보화 관련 국제 전략적 제휴사업에 관하여 가장 잘 알고 있는 직원의 응답도 가능하도록 하였다. 조사수행의 과정은 일차적으로 전자메일을 통하여 설문지와 안내문을 발송하여 설문조사에 대해 담당자가 인지할 수 있도록 하였다. 1주일 정도의 시차를 두고 다시 우표가 부착된 반송용 봉투를 동봉하여 해당부서장 앞으로 보낸 후, 전화로 확인하여 직접 협조요청을 하였다. 전화 확인과정에서 설문지를 전달받지 못한 기업에게는 팩스로 재송신하였다. 또한 설문지의 회수율을 높이고 최고경영진 및 실무담당자에 대한 접근가능성을 높이기 위하여 최고경영진대상의 경영교육기관 및 관련 단체의 협조를 구하였다. 마지막으로 회수된 설문지상의 일부 누락된 항목에 대하여는 전화와 전자메일, 그리고 팩스 등을 통하여 확인·수정하였다.

　　설문지는 앞에서 정한 기준에 따라, 총 350개 기업을 대상으로

배부하였으며, 이 가운데 145부가 회수되어 41.4%의 비교적 높은 응답률을 나타냈다. 그러나 이들 중에서 누락항목이 많고 기타 연구목적에 적절하지 못한 표본 15부를 제외한 최종 표본수 130부 (37.1%)의 제휴사례를 대상으로 분석하였다.

분석에 사용된 설문조사의 최종 유효표본의 집계상황은 아래의 〈표 V-1〉과 같다.

<표 V-1> 표본 및 설문회수율

표본수	설문지 발송수(매)	회수된 설문지(매)	회수율(%)	분석 이용수(매)
350	350	145	41.4	130

2) 설문지의 구성

측정도구가 연구목적에 부합되는 정확한 응답을 얻고 신뢰성과 타당성을 갖기 위해서는 설문지를 설계할 때부터 세밀한 계획이 필요하다. 설문지에 사용될 항목(construct)들은 선행연구들에 의해 검증 작업이 이루어진 설문항목을 재사용하는 것이 바람직하며, 선행연구의 부족으로 부득이 설문항목을 자체 개발할 경우에는 사전조사(pre-test)를 통해 설문항목의 신뢰성과 타당성을 확보하는 작업이 선행되어야 한다(이현식, 1997). 본 연구에서도 이같은 원칙을 확보하기 위하여 이 책의 연구변수와 선행연구의 연구변수가 일치하는 부분에 대해서는 기존 연구의 설문지의 항목을 재사용하는 것을 원칙으로 하였다. 이와 함께 기존의 연구에서 다루어지지 않았던 이 책의 연구변수들에 대해서는 여러 연구자들의 설문내용 및 사전조사 등을 통하여 수정·보완하였다.

실증연구에 이용될 설문지의 구성은 다음과 같다. 먼저 표지에 인사말과 함께 연구의 개괄적 내용을 알리고 응답내용은 완전 익명 처리되어 연구목적으로만 활용됨을 강조하였다. 설문지의 내용은 응답자의 부담을 최소화하기 위하여 각 요인별로 묶어서 배열하였으며, 상대적으로 응답이 용이한 문항은 먼저 배치하고 구체적인 수치의 표기는 뒷부분에 배치하였다. 한편, 설문지는 다척도 응답형(scaled response), 자유기입식(free response), 다항식 선택형(multi choice) 등의 세 가지 응답형식으로 설계하였다. 가설검증에 필요한 주요 변수들의 측정은 5점 리커트 척도를 사용하였으며, 기업의 일반적인 사항들은 정보의 정확성을 높이기 위하여 자유기입식을 주로 사용하였다. 이와 함께, 응답자의 직위, 제휴의 효과, 제휴유형 등은 자료 분류의 통일을 위하여 다항식선택형을 사용하였다.

실증분석에 이용될 설문지의 내용은 크게 네 부분으로 나눌 수 있다. 첫째부분은 기업의 일반적인 사항에 관한 것이고, 둘째 부분은 독립변수 가운데 정보시스템 관련 요인에 관한 사항으로 정보의 품질에 관한 사항, 정보시스템의 지원수준에 관한 사항, 정보시스템의 비용효과에 관한 사항이 여기에 해당된다. 세 번째는 독립변수 중 정보화 위험에 관한 사항으로 핵심역량 상실위험에 관한 질문, 비용증가위험, 안전성 위험에 관한 질문 등 크게 세 부분으로 구성되었다. 그리고 마지막 네 번째는 종속변수인 전략적 제휴의 유형 선택에 관한 질문으로 구성되었다.

이상의 내용에서 실증분석에 사용될 주요 연구변수와 설문지가 항목들과의 내용을 요약하면 아래의 〈표 V-2〉와 같다.

<표 Ⅴ-2> 설문지 구성

설문구분			설문내용	문항번호
Ⅰ. 일반현황			응답자의 직위	Ⅰ-1
			설문대상 기업 업종	Ⅰ-2
			제휴 파트너기업 국적	Ⅰ-3
			전략적 제휴의 이유	Ⅰ-4
			전략적 제휴의 효과	Ⅰ-5
독립변수	Ⅱ. 기업 정보시스템 요인	정보의 품질특성	정보의 신뢰성	Ⅱ-1
			정보의 접근성	Ⅱ-2
			정보의 유연성	Ⅱ-3
			정보의 명확성	Ⅱ-4
			정보의 완전성	Ⅱ-5
		정보시스템 지원수준	변화에 대한 민감성	Ⅱ-6
			생산된 자료의 유연성	Ⅱ-7
			신시스템의 lead time	Ⅱ-8
			정보프로세스의 신속성	Ⅱ-9
		비용효과	정보시스템 지원의 개선	Ⅱ-10
			제휴로 인한 네트워크 관리 및 유지비용의 개선	Ⅱ-11
			정보제휴로 인한 경영효율성	Ⅱ-12
			시스템 계획과 관리	Ⅱ-13
	Ⅲ. 정보화 위험요인	핵심역량 상실위험	시장자산 상실위험	Ⅲ-1
			인간중심자산 상실위험	Ⅲ-2
			지적소유자산 상실위험	Ⅲ-3
			인프라자산 상실위험	Ⅲ-4
		비용증가 위험	서비스 구축 및 관리비용	Ⅲ-5
			서비스 유지비용	Ⅲ-6
			장비 재배치/구축비용	Ⅲ-7
			장비 이전비용	Ⅲ-8
		안전성 위험	자료의 외부누설 가능성	Ⅲ-9
			비권한자의 접근가능성	Ⅲ-10
			내부 정보 누설 가능성	Ⅲ-11
Ⅳ. 종속변수		전략적 제휴유형 선택	지분참여도	Ⅳ-1
			파트너와의 친밀도	Ⅳ-2
			전략적 제휴의 유형	Ⅳ-3

3) 표본의 특성 및 기초통계

본 연구의 조사대상기업의 기본적인 특성 및 기초통계사항을 살펴보면 다음과 같다.

먼저 응답대상의 직급은 아래의 〈표 V-3〉과 같이 부장급 이상이 72.2%를 차지하는 것으로 나타났으며, 이 가운데 기업의 주요 의사결정권자인 이사급 이상의 비중이 20.7%인 것으로 조사되었다. 본 연구는 해당기업의 정보화 관련 전략적 제휴에 관한 결정요인과 기업의 제휴 정도에 대해 어느 정도 판단할 수 있는 능력을 가지고 있어야 하므로 직원급의 비율이 높으면 응답설문의 신뢰도가 떨어질 가능성이 있다. 그러나 설문에 대한 응답자의 직급 수준이 대체로 부장급 이상인 것으로 나타났으며, 이 가운데 이사급 이상의 비중도 비교적 높은 것으로 나타남으로, 설문 응답자의 응답내용은 신뢰성이 상당히 높다고 판단할 수 있었다.

<표 V-3> 응답자 직급수준

응답자직급	빈 도	비율(%)	누적비율(%)
사원급	8	6.2	6.2
대리급	11	8.5	14.7
차장/과장급	17	13.1	27.8
부장급	67	51.5	79.3
이사급 이상	27	20.7	100
계	130	100	

업종별로는 정보·통신 32.3%, 전기·전자 23.2%, 컴퓨터 및 반

도체가 16.9%, 기계장비 11.5%, 화학 9.2%로 집계되었으며, 기타 업종이 6.9%로 조사되었다. 기타 업종에는 건설, 자동차 및 부품, 해운, 서비스 등의 업종들이 포함되었다. 이는 정보·통신, 항공, 화학 등 소위 첨단산업이라 불리는 산업에서 전략적 제휴가 두드러지게 이루어지고 있는 최근의 추세를 매우 잘 반영하는 결과라고 할 수 있겠다.

<표 Ⅴ-4> 분석대상 표본의 업종별 분포

산 업	정보통신	전기전자	컴퓨터 반도체	기계장비	화학	기타	계
건 수	42	30	22	15	12	9	130
비율(%)	32.3	23.2	16.9	11.5	9.2	6.9	100

〈표 Ⅴ-5〉는 조사대상기업의 제휴 파트너기업 국적을 보여주고 있다. 최종 유효표본의 38.5%에 해당되는 50개의 기업이 미국기업과 제휴관계를 형성한 것으로 나타났으며 일본이 27.7%, 유럽이 19.2%로 조사되어, 우리나라 기업들이 아직도 선진국 소재 기업들과의 제휴관계 형성의 비중이 높다는 사실을 알 수 있었다.

이같이 표본기업의 제휴파트너가 미국, 유럽, 일본 등 선진국 소재 기업에 집중되고 있는 이유는 다수의 선행연구에서 밝혀진 바와 같이, 우리나라 기업들도 제휴의 양립성(compatibility), 파트너의 능력(capacity), 제휴의 몰입성(commitment) 등을 종합적으로 고려하여 제휴파트너를 결정하고 있음을 보여주는 것이라고 판단된다(M. Cauley de la Sierra, 1995; Bleeke and Ernst, 1993).

<표 V-5> 표본의 제휴파트너 국가별 분포

구 분 \\ 국 가	빈 도	비 율(%)
미 국	50	38.5
일 본	36	27.7
유 럽	25	19.2
아시아(일본 제외)	13	10.0
기 타	6	4.6
합 계	130	100

분석에 이용될 130개 조사대상기업의 제휴유형 분포는 〈표 V-6〉
과 같다. 본 연구가 국내 대기업들을 대상으로 이루어졌다는 점을
감안할 때, 최근 국내 대기업들이 국제 전략적 제휴를 추진할 시에
몰입의 정도가 비교적 큰 형태인 합작투자보다는 기능별 제휴를 선
호하고 있으며, 이 가운데 특히 기술제휴를 선호하고 있음을 보여
준다. 이 같은 조사의 결과는 국내 대기업들의 국제 전략적 제휴의
목적을 판단할 수 있다. 즉, 국내 대기업들은 보다 높은 범위의 경
제성과 시너지를 창출하기 위하여 제휴를 추진하기보다는 그 기업
이 수행하는 여러 가지 업무 분야의 상당히 구체적인 기능별 분야,
즉 연구개발, 생산, 마케팅, 기술, 유통 등과 같은 각각의 기능별 분
야에 대한 협조체제를 구축함으로써, 신제품개발, 생산의 위험과 비
용의 절감 등 단기적이고 매우 구체적인 목적을 달성하기 위하여
추진되고 있음을 유추할 수 있다.

<표 V-6> 표본의 제휴유형별 분류

제휴의 유형		빈 도	비율(%)
합작투자	핵심사업 합작투자	2	1.5
	판매합작투자	8	6.2
	생산합작투자	35	26.9
	연구개발합작투자	4	3.0
기능별제휴	제품스왑	6	4.5
	생산라이센스	13	10.0
	기술제휴	58	44.9
	연구개발컨소시움	4	3.0
계		130	100

이밖에 설문을 통하여 나타난 조사표본 기업들의 일반적 특성들을 정리해보면 아래의 〈표 V-7〉과 같다.

<표 V-7> 표본의 일반적 특성

구 분	분 류	빈 도	구성비 (%)
제휴의 이유	정보 시스템 관련 투자비용의 효율화	43	33.1
	경영 환경변화에 대한 신속한 대응력 유지	31	23.8
	자사의 정보력 부족	26	20.0
	파트너의 정보활용으로 기술·서비스 향상	19	14.6
	기 타	11	8.5
	합 계	119	91.5
제휴의 효과	회사 전체	96	73.8
	특정 부서나 조직의 일부	34	26.2
	합 계	215	165.3

2. 신뢰성과 타당성 분석

연구가설과 관련된 변수들에 대한 측정도구들이 일관성 있는 응답을 이끌어낼 수 있도록 구성되어 있는지와 각 변수의 이론적 개념들을 적절히 반영하고 있는지의 여부를 살펴보기 위하여 수행되는 변수들의 신뢰성(reliability)과 타당성(validity)의 평가는 가설검증에 앞서 반드시 수행되어야 하는 작업이라 할 수 있다 (Carmines and Zeller, 1979).

신뢰성이란 측정결과의 일관성(consistency), 정확성(accuracy), 의존가능성(dependability), 안정성(stability), 예측가능성(predictability) 등과 관련된 개념으로 동일한 개념에 대해 측정을 되풀이

했을 때 동일한 측정값을 얻을 가능성을 말하고, 타당성이란 측정하고자 하는 개념이나 속성을 정확히 측정하였는가를 말한다(채서일, 1997). 즉, 신뢰성이 높다는 것은 어떤 개념을 반복 측정하여도 동일한 결과를 얻을 수 있으며, 측정방법이 정확하여 믿을 수 있고, 변수를 측정하는 항목 간에 일관성이 있어서 측정값을 통해 예측이 가능하다는 것을 의미한다(Kerlinger, 1986).

측정도구가 신뢰성과 타당성을 갖기 위해서는 설문지 설계에서 세밀한 계획을 통하여 정확한 응답을 얻도록 하여야 한다. 이를 위해 가능한 쉬운 용어를 사용하였고 사전조사를 통해 설문지의 내용을 수정·보완하였다. 또한 응답자는 논문내용과 관련한 정확한 정보를 얻기 위해 조사대상기업 관련 부서의 핵심담당자로부터 수집하였다.

신뢰성을 측정하는 방법에는 제 측정 신뢰성, 동등척도 신뢰성, 반분 신뢰성, 내적 일관성 신뢰성, 문항분석, 평가자 신뢰성 및 Cronbach's Alpha 등이 있는데, 일반적으로 Cronbach's Alpha 계수를 주로 이용한다(채서일, 1997). 본 연구에서는 응답한 설문의 신뢰성을 확인하기 위하여 Cronbach's Alpha를 사용하여 신뢰도를 검사하여 동일한 개념에 대해 측정을 되풀이하였을 때 동일한 측정값을 얻을 가능성을 확보하였다. 신뢰도를 확보하기 위하여 Cronbach's Alpha 값을 떨어뜨리는 항목을 제외시켰다. 일반적으로 신뢰도의 척도인 Cronbach's Alpha 계수는 0.6 이상이면 양호하다고 할 수 있는데, 분석결과는 각각의 변수들이 개념적 타당성과 측정항목들의 신뢰성이 존재하는 것으로 나타났다. 구체적인 분석결과는 다음과 같다.

1) 신뢰성 검증결과

응답한 설문의 신뢰성을 확인하기 위하여 상술하였던 바와 같이 Cronbach's Alpha를 사용하여 신뢰도를 검사하여 동일한 개념에 대해 측정을 되풀이했을 때 동일한 측정값을 얻을 가능성을 확보하였다.

〈표 V-8〉에서와 같이 대상항목의 Cronbach's Alpha 값 모두가 기준치인 0.6을 크게 상회함으로서, 본 연구에 사용한 변수들의 신뢰도에는 큰 문제가 없을 뿐 아니라, 독립적인 변수로 이용될 수 있는 필요조건을 충족하였음을 알 수 있다.

<표 V-8> 신뢰성 검증결과

변 수			Cronbach's Alpha
독립변수	정보시스템 요인	정보의 품질	0.867
		지원수준	0.847
		비용효과	0.821
	정보화 위험	핵심역량 상실위험	0.797
		비용증가위험	0.874
		안전성 위험	0.736
종속변수	전략적 제휴유형		0.875

2) 타당성 검증결과

개념적 타당성에 대한 통계적 분석으로는 요인분석을 이용하는

데 이는 측정 변수들 간의 집중타당성(convergent validity)과 판별타당성(discriminant validity)을 제시해 줄 수 있기 때문이다. 즉, 상관관계가 높아서 하나의 요인 내에 묶여진 항목들은 동일한 개념을 측정한 것으로 볼 수 있으므로 집중타당성을 나타내 줄 수 있고, 요인들 간의 상관관계가 낮으면 각 요인들은 서로 다른 개념을 나타내므로 판별타당성을 나타내기 때문이다(유대근, 권영식, 1999).

본 연구에서는 타당성을 측정하는 방법으로 측정도구가 연구하고자 하는 개념을 제대로 측정하는지를 파악하기 위하여 국제 전략적 제휴 결정요인과 전략적 제휴결정에 영향을 미치는 요인 28개 문항에 대하여 주성분 요인분석(Principal Component Analysis: PCA)을 통해 측정항목을 변수의 수에 맞게 분류하였을 때 의도한 대로 분류되는지의 여부를 살펴봄으로써 요인타당성을 검증하는 방식을 사용하였다. 독립변수는 초기 25개 항목 가운데 신뢰성 검사를 통해 4개 항목을 제거하고 21개 항목에 대하여 요인분석을 실시한 결과 모든 요인에 대한 적재가 올바르게 되었다. 독립변수의 경우 6개, 종속변수의 경우 1개의 요인이 추출되도록 요인의 수를 제약하였고, eigen value가 1 이상이 되는 것을 채택하였으며, 이들이 변량의 56.0%를 설명하고 있다. Varimax 회전을 사용한 독립변수 6개의 요인은 아래의 〈표 V-9〉와 같다.

<표 Ⅴ-9> 독립변수의 요인분석 결과

구 분	요인 1 정보의 품질	요인 2 지원수준	요인 3 비용효과	요인 4 비용증가 위험	요인 5 안전성 위험	요인 6 핵심역량 상실위험
Ⅱ-2	0.837	0.014	0.087	0.090	0.083	-0.062
Ⅱ-1	0.755	-0.047	0.055	0.125	-0.198	0.025
Ⅱ-3	0.653	0.125	-0.198	0.097	0.277	-0.300
Ⅱ-5	0.525	-0.049	-0.055	-0.164	0.116	0.244
Ⅱ-7	0.021	0.826	-0.256	-0.037	0.097	-0.030
Ⅱ-9	0.039	0.797	0.118	0.029	-0.069	-0.127
Ⅱ-8	-0.088	0.534	0.477	0.005	0.035	-0.223
Ⅱ-6	-0.017	0.423	0.354	0.087	0.319	0.087
Ⅱ-10	-0.014	0.131	0.775	0.155	-0.162	0.043
Ⅱ-12	0.026	0.115	0.696	0.162	-0.175	0.100
Ⅱ-13	0.173	-0.278	0.527	0.045	0.210	-0.092
Ⅲ-1	0.049	-0.027	0.101	0.811	0.010	0.038
Ⅲ-2	-0.059	0.112	0.132	0.732	0.069	0.191
Ⅲ-3	0.277	0.019	0.151	0.663	0.259	-0.084
Ⅲ-6	0.083	-0.177	0.017	0.098	0.763	-0.148
Ⅲ-7	-0.003	-0.117	0.428	0.118	0.632	0.037
Ⅲ-4	0.415	0.209	-0.179	-0.001	0.511	-0.122
Ⅲ-5	0.097	-0.114	0.043	-0.377	0.397	0.158
Ⅲ-10	-0.099	-0.209	-0.038	-0.103	-0.032	0.745
Ⅲ-9	0.053	-0.161	-0.030	0.081	-0.239	0.632
Ⅲ-11	0.276	0.350	-0.001	0.187	0.004	0.601
고유치	3.407	2.870	2.249	1.983	1.643	1.347
분 산	14.1%	11.8%	9.8%	7.7%	6.9%	5.7%
누적분산	14.1%	25.9%	35.7%	43.4%	50.3%	56.0%

요인적재량은 표본의 수에 따라 다소 차이가 있으나 보통 ±0.3 이상이면 다소 유의적이고 ±0.5 이상이면 매우 유의적인 것으로 볼 수 있는데(유대근, 권영식, 1999), 6개의 각 요인들의 요인적재량을 살펴보면 대부분이 0.5 이상을 상회하는 양호한 적재량을 가지며, 그 결과 각각이 고유의 성격을 갖고 국제 전략적 제휴의 결정변수로써의 개념을 나타내고 있다고 판단되는바, 각 요인은 개념적으로 매우 타당성이 높으며 향후의 추가분석에 이용될 수 있을 것으로 판단된다.

또한, 종속변수인 전략적 제휴의 정도에 관한 항목은 독립변수와 성격이 다르므로 〈표 V-10〉과 같이 별도로 분석하였는데 1개의 요인으로 구성되어 있음을 알 수 있으므로 독립변수 및 종속변수는 하나의 범주로 간주하여 분석할 수 있는 내적 일관성을 가지고 있음을 보여주고 있다.

<표 V-10> 종속변수의 요인분석 결과

구 분	요 인 1
	전략적 제휴의 유형
IV-1	0.874
IV-2	0.866
IV-3	0.861
고유치	2.255
분 산	68.1%
누적분산	68.1%

이상에서의 신뢰성분석과 요인분석을 활용한 타당성분석에 따

르면 응답설문의 신뢰성과 각 요인의 타당성은 매우 높은 것으로
파악되었으며, 이에 따라 신뢰성분석과 타당성분석의 결과를 본
연구의 실증분석 및 가설 검정에 이용하고자 한다.

3) 요인별 상관관계 분석

본 연구에서는 가설검증을 수행하기에 앞서 도출된 요인들을
중심으로 상관관계 분석을 수행하였다. 상관관계 분석은 측정된
변수들 간의 관련성의 정도 즉, 하나의 변수가 다른 변수와 어느
정도 밀접한 관련성을 갖고 변화하는가를 알아보기 위한 것으로
본 연구에서는 변수 간 잠정적 관계를 미리 파악하여 설정된 가
설이 타당한지에 대해 잠정적으로 판단하기 위하여 상관관계 분
석을 실시하였다.

먼저, 각 독립변수들과 종속변수 간의 개별적인 상관관계를 분
석하기 위하여 리커트 5점 등간척도에 의해 얻어진 독립변수와 종
속변수인 전략적 제휴의 유형 간에 어느 정도의 관련성이 있는지를
피어슨 상관계수(Pearson product moment correlation coefficient)
로 분석하였으며 그 결과는 아래의 〈표 V-11〉과 같다.

<표 V-11> 요인별 상관관계 분석결과

구 분	제휴유형		친밀도		지분참여도		정보의품질		지원수준		비용효과		비용증가위험		안전성위험		핵심역량상실위험	
	M	S.E.	M	S.E.	M	S.E.	M	S.E.	M	S.E.	M	S.E.	M	S.E.	M	S.E.	M	S.E.
	3.36	1.08	3.54	1.17	3.32	1.06	3.09	1.09	2.93	0.95	3.52	1.13	3.38	1.12	3.08	0.94	3.14	0.99
제휴유형	1.000																	
친밀도	0.713** p=0.001		1.000															
지분참여도	0.587** p=0.001		0.608** p=0.003		1.000													
정보의품질	-0.556** p=0.001		-0.522** p=0.003		-0.487** p=0.004		1.000											
지원수준	-0.563** p=0.001		-0.547** p=0.003		-0.536** p=0.001		0.521** p=0.002		1.000									
비용효과	-0.592** p=0.001		-0.578** p=0.002		-0.499* p=0.011		0.274 p=0.061		0.234 p=0.110		1.000							
비용증가위험	-0.677*** p=0.000		-0.622** p=0.001		-0.577** p=0.002		0.158 p=0.219		0.337** p=0.006		0.142 p=0.217		1.000					
안전성위험	0.227 p=0.108		-0.325 p=0.098		0.277 p=0.177		0.217 p=0.114		0.251 p=0.100		0.133 p=0.203		0.298** p=0.001		1.000			
핵심역량상실위험	0.198 p=0.121		0.087 p=0.133		-0.418* p=0.019		0.457* p=0.021		0.337** p=0.005		0.117 p=.279		0.154 p=0.203		0.325** p=0.002		1.000	

*p<0.05, **p<0.01, ***p<0.001

일반적으로 두 변수들 간의 상관계수가 0.4 이상이면 두 변수 간에 상관관계가 높다고 하며 0.7 이상을 넘으면 상관관계가 매우 높다고 할 수 있는데, 상관분석의 결과 종속변수인 제휴의 유형과 안전성 위험과 핵심역량 상실위험을 제외한 모든 독립변수와의 상관계수가 0.5 이상인 것으로 나타남으로써, 변수 간에 상당한 상관관계를 지닌 것으로 나타났다.

위의 표를 보면 전략적 제휴유형과 친밀도, 비용증가위험의 상관관계가 0.713, -0.677로서 상당히 높게 나타난 데 비해서 안전성 위험 및 핵심역량 상실위험은 각각 0.227과 0.198로서 상대적으로

낮게 나타났으며, 통계적으로도 유의하지 못한 것으로 나타났다. 그러나 안전성 위험과 핵심역량 상실위험을 제외한 나머지 변수들은 종속변수와의 상관관계가 비교적 높게 나타났으며, 통계적으로도 유의한 결과를 보였다. 또한 선행연구를 통하여 제휴의 유형선택의 주요 결정요인으로 파악되었던 파트너 간 친밀도 및 지분참여도와 제휴의 유형과의 상관분석의 결과가 선행연구와 일치하였음은 물론이고, 이들 결정요인과 타 독립변수와의 상관관계 역시 대부분 0.4 이상인 것으로 나타남으로, 본 연구의 가설은 대부분 타당할 것으로 판단할 수 있겠다.

다만, 제휴유형에 영향을 미치는 많은 요인들에 대한 별다른 고려 없이 기업 정보화와 관련된 요인들만을 분석에 사용함으로써 야기될 수 있는 발생원인 설명변수의 생략(omission of variable)의 문제와 독립변수들 간의 비교적 높은 상관관계로 인한 다중공선성(multicollinearity)의 문제가 있을 것으로 판단되는바, 연구가설 검증 시 이 같은 문제점을 고려한 분석이 이루어져야 할 것으로 보인다.

3. 연구가설의 검증

전 절에서는 본 연구의 가설을 검증하기에 앞서 표본기업들의 전반적인 특성을 살펴보았으며, 가설과 관련된 각 변수들의 신뢰성과 타당성 정도를 검토하였다. 전 절에서 서술하였던 바와 같이 신뢰성 분석과 주성분 요인분석을 통한 타당성 검증결과, 본 연구의 가설과 관련된 대부분의 변수들의 개념적 타당성과 측정도구의 신뢰성이 매우 높은 수준인 것으로 나타났으며, 설정된 가설이 타당한지에 대한 잠정적인 판단을 위하여 시행된 상관분석의 결과 가설의 타당성이 매우 높음을 알 수 있었다.

이에 본 절에서는 연구의 가설을 검증하기 위한 분석을 다음과 같이 실시하였다. 먼저, 독립변수들이 선행연구를 통해 제휴유형 선택에 영향을 미치는 요인으로 파악된 친밀도 및 제휴의 지분참여도에 미치는 영향의 검증을 위하여 다중회귀분석을 실시하였으며, 이와 함께 상관분석 시 제기되었던 문제점의 보완을 위한 대표 변수와 친밀도 및 지분참여도 간의 다중회귀분석을 실시하였다. 그 다음으로, 정보의 품질수준, 정보시스템 지원수준, 정보시스템 비용 효과 등 정보시스템 관련 변수들과 핵심역량 상실위험, 비용증가위험, 안전성 위험 등 정보화 위험변수들이 제휴의 유형 선택에 미치는 영향에 대해서는 T-검정(T-test)과 다중회귀분석(multiful regression analysis) 등의 모수적 방법(parametric method)을 사용하여 분석함으로써 실증분석의 결과를 해석하였다.

이때도 역시, 각 변수들의 대표변수인 정보시스템 요인 및 정보화 위험요인과 제휴유형 간의 다중회귀분석도 함께 실시함으로써 상관분석 시 제기되었던 여러 가지 문제점들을 보완하기 위하여 노력하였다.

마지막으로 선행연구의 결과 확인과 연구의 보다 명확한 해석을 위하여 친밀도 및 지분참여도가 제휴유형 선택에 미치는 영향의 검증을 위한 다중회귀분석을 실시하였다.

1) 파트너 간 친밀도에 관한 연구가설의 검증

앞에서 제시한 정보시스템 관련 변수들(정보의 품질수준, 정보시스템 지원수준, 정보시스템 비용효과) 및 정보화 위험변수들(핵심역량 상실위험, 비용증가위험, 안전성 위험)과 파트너 간 제휴의 친밀도에 관한 가설들을 정리하여 보면 다음과 같다.

<표 V-12> 기업 정보화 요인과 파트너 간 친밀도에 관한 연구가설

가설 1	기업 내부 정보시스템에 대한 만족도가 낮을수록, 제휴파트너 간 친밀도가 높을 것이다.
가설 1-1	기업 내부 정보시스템의 품질수준에 대한 만족도가 낮을수록 해당기업과 제휴파트너 간의 친밀도는 높을 것이다.
가설 1-2	기업 내부 정보시스템의 지원수준에 대한 만족도가 낮을수록 해당기업과 제휴파트너 간의 친밀도는 높을 것이다.
가설 1-3	기업 내부 정보시스템에 소요되는 비용대비 효과의 만족도가 낮을수록 해당기업과 제휴파트너 간의 친밀도는 높을 것이다.
가설 4	정보화 관련 위험도가 클수록, 제휴파트너 간 친밀도는 낮을 것이다.
가설 4-1	정보화 관련 핵심역량 상실위험의 정도가 클수록, 제휴의 친밀도는 낮을 것이다.
가설 4-2	자체적인 기업 정보화보다 제휴를 통한 기업 정보화 소요예산에 대한 증가위험의 정도가 클수록, 제휴의 친밀도는 낮을 것이다.
가설 4-3	제휴 시 정보시스템의 안전성 위험이 커질수록, 제휴의 친밀도는 낮을 것이다.

아래의 〈표 V-13〉은 정보의 품질수준, 정보시스템 지원수준, 정보시스템 비용효과 등의 정보시스템 관련 변수들과 핵심역량 상

실위험, 비용증가위험, 안전성 위험 등 정보화 위험 관련 변수들을 독립변수로 설정하고 제휴파트너 간의 친밀도를 종속변수로 하여 다중회귀분석을 실시한 결과이다.

<표 Ⅴ-13> 기업 정보화 요인과 제휴의 친밀도 간의 회귀분석 결과

(N=130)

종속변수 / 독립변수	제휴파트너 간의 친밀도	
	회귀계수(B)	T 값
(상수)	9.464	9.982***
품질수준	-0.306	-0.766
시스템의 지원수준	-0.922	-2.392**
비용효과	-0.511	-1.715*
핵심역량 상실위험	-0.152	-0.807
비용증가위험	-0.503	-2.150*
안전성 위험	0.407	2.180*
R-Square=0.553 Adjusted R-Square=0.522 F=17.763 Signif F=0.000		

*p〈0.1, **p〈0.05, ***p〈0.01

기업 정보화 요인이 제휴파트너 간의 친밀도에 미치는 영향을 파악하기 위하여 다중회귀분석을 실행한 결과 내부 정보시스템의 지원수준, 비용효과, 제휴에 따른 비용증가위험, 안전성 위험 등은 제휴파트너 간의 친밀도와 통계적으로 유의한 것으로 나타났으나, 내부 정보시스템의 품질수준, 핵심역량 상실위험은 통계적으로 유의하지 않은 것으로 조사되었다. 또한, 안전성 위험을 제외한 나머지 변수들의 회귀계수값의 부호가 음(-)으로 나타났는데, 이는 내부 정보시스템의 품질수준, 지원수준과 정보시스템의 비용효과에 대한 만족도와 정보화 위험요인이 제휴파트너의 친밀도에 부정적인 영향을 미칠 가능성이 높다는 것을 의미한다고 할 수 있다. 그러나 정보시스템 품질수준과 제휴파트너 간 친밀도의 경우 회귀계수인 Beta 값의 부호는 기대부호와 일치한 것으로 조사되었으나 통계적으로 유의하지 않음으로, 핵심역량 상실위험과 안전성 위험은 통계적으로는 유의하나 회귀계수의 값이 연구의 기대부호와 반대인 양(+)인 것으로 나타났기 때문에 가설 1-1, 가설 4-1, 가설 4-3은 지지되지 않았다고 할 수 있다. 마지막으로 앞서 제기되었던 다중공선성의 문제를 해결하고, 가설 1과 가설 4를 검증하기 위하여 정보시스템 요인 및 정보화 위험요인을 독립변수로 하고 제휴파트너 간 친밀도를 종속변수로 한 다중회귀분석을 실시하였는데, 그 결과는 아래의 〈표 V-14〉와 같다.

<표 Ⅴ-14> 정보시스템 요인 및 정보화 위험요인과 제휴의 친밀
도 간의 회귀분석 결과

(N=130)

종속변수 독립변수	제휴파트너 간의 친밀도	
	회귀계수(B)	T 값
(상수)	10.629	11.850***
정보시스템 요인	-2.256	-7.847***
정보화 위험요인	-0.113	-0.348
R-Square=0.496 Adjusted R-Square=0.485 F=44.345 Signif F=0.000		

*p < 0.1, **p < 0.05, ***p < 0.01

분석결과 정보시스템 요인은 통계적으로 유의할 뿐 아니라, 회
귀계수인 Beta 값의 부호가 음으로 나타났는데, 이는 가설에서 예
측한 바와 같이 기업의 내부 정보시스템의 만족도가 낮을수록 제
휴파트너 간의 친밀도에 긍정적인 영향을 미칠 가능성이 높다는
것을 의미한다고 할 수 있다. 이러한 분석결과에 따라 본 연구의
가설 1은 지지되고 있다고 할 수 있다. 그러나 정보화 위험요인은
예측한 바와는 달리 통계적으로 유의적이지 않은 것으로 나타났
기 때문에 가설 4는 지지되지 않았다고 할 수 있다.

2) 기업 정보화 요인이 제휴의 지분참여도에 미치는 영향

정보시스템 관련 변수들(정보의 품질수준, 정보시스템 지원수준,
정보시스템 비용효과) 및 정보화 위험변수들(핵심역량 상실위험,

비용증가위험, 안전성 위험)이 제휴의 지분참여도에 미치는 영향에 관한 가설들을 정리하여 보면 다음과 같다.

<표 Ⅴ-15> 기업 정보화 요인과 제휴 지분참여도에 관한 연구가설

가설 2	기업 내부 정보시스템에 대한 만족도가 낮은 기업일수록, 제휴의 지분참여도는 높을 것이다.
가설 2-1	기업 내부 정보시스템의 품질수준에 대한 만족도가 낮은 기업일수록 제휴의 지분참여도는 높을 것이다.
가설 2-2	기업 내부 정보시스템의 지원수준에 대한 만족도가 낮은 기업일수록 제휴의 지분참여도는 높을 것이다.
가설 2-3	기업 내부 정보시스템에 소요되는 비용대비 효과의 만족도가 낮은 기업일수록 제휴의 지분참여도는 높을 것이다.
가설 5	정보화 관련 위험도가 클수록, 해당기업의 제휴에 대한 지분참여도는 낮을 것이다.
가설 5-1	정보화 관련 핵심역량 상실위험의 정도가 클수록, 해당기업의 제휴에 대한 지분참여도는 낮을 것이다.
가설 5-2	자체적인 기업 정보화보다 제휴 시 정보화 소요예산에 대한 증가위험의 정도가 클수록, 해당기업의 제휴에 대한 지분참여도는 낮을 것이다.
가설 5-3	제휴 시 정보시스템의 안전성 위험이 커질수록, 해당기업의 제휴에 대한 지분참여도는 낮을 것이다.

아래의 〈표 Ⅴ-16〉은 정보의 품질수준, 정보시스템 지원수준, 정보시스템 비용효과 등의 정보시스템 관련 변수들과 핵심역량 상실위험, 비용증가위험, 안전성 위험 등 정보화 위험 관련 변수들을 독립변수로 설정하고 제휴의 지분참여도를 종속변수로 하여 다중회귀분석을 실시한 결과이다.

<표 V-16> 기업 정보화 요인과 지분참여도 간의 회귀분석 결과

(N=130)

종속변수 / 독립변수	지분참여도	
	회귀계수(B)ᵃ	T 값
(상수)	11.184	10.491***
품질수준	-0.950	-2.112**
시스템의 지원수준	-0.544	-1.255*
비용효과	-0.727	-2.169**
핵심역량 상실위험	-0.232	-1.095
비용증가위험	-0.482	-1.833*
안전성 위험	0.180	0.859
R-Square = 0.556 Adjusted R-Square = 0.525 F = 17.943 Signif F = 0.000		

*p < 0.1, **p < 0.05, ***p < 0.01

상술한 바와 같이 기업 정보화 요인이 제휴의 지분참여도에 미치는 영향을 살펴보기 위하여 다중회귀분석을 실시하였다. 분석의 결과 기업 정보화 요인 중에 제휴의 지분참여도에 유의적인 영향을 미치는 변수는 내부 정보시스템의 품질수준, 내부 정보시스템의 지원수준, 내부 정보시스템의 비용대비 효과 및 안전성 위험변수로 나타났다. 이는 정보시스템 관련 변수 모두가, 정보화 위험 관련 변수 중에는 비용증가위험만이 제휴의 지분참여도에 유의적인 영향을 미친다는 것을 의미한다. 통계적으로 유의미한 것으로 조사된 4개의 변수들은 회귀계수의 부호가 음으로 나타났는데, 이 같은 결과는 가설에서 예측한 바와 같이 지분참여도에 부정적인 영향을 미칠 가능성이 높다는 것을 의미한다고 할 수 있다. 한편,

정보화 위험 관련 변수 가운데 핵심역량 상실위험은 회귀계수인 Beta 값의 부호는 기대부호와 같은 음으로 나타났으나 통계적으로 유의적이지 않은 것으로 나타났으며, 안전성 위험은 통계적으로 유의적이지 않음은 물론 회귀계수의 부호도 예측방향과 다른 것으로 나타나 가설 5-2와 5-3은 각각 기각되었다. 다만, 앞서 시행하였던 상관분석 시 제기되었던 다중공선성 등의 문제가 회귀분석에 영향을 미칠 수 있음으로 이를 보완하기 위한 보다 심층적인 분석이 필요할 것으로 판단된다.

이를 위하여 정보시스템 요인 및 정보화 위험요인과 제휴의 지분참여도 간의 다중회귀분석을 실시하였는데 분석의 결과는 아래의 〈표 V-17〉과 같다.

<표 V-17> 정보시스템 요인 및 정보화 위험요인과 지분참여도 간의 회귀분석 결과

(N=130)

종속변수 독립변수	지분참여도	
	회귀계수(B)	T 값
(상수)	11.656	12.009***
정보시스템 요인	-2.488	-7.997***
정보화 위험요인	-0.431	-1.229
R-Square=0.536 Adjusted R-Square=0.526 F=52.027 Signif F=0.000		

*p〈0.1, **p〈0.05, ***p〈0.01

분석의 결과 정보시스템 요인은 통계적으로 유의적인 것으로 나타났으며, 회귀계수의 부호 역시 가설에서 예측한 바와 같이 음의 부호를 나타냈는데, 이는 앞서 시행한 다중회귀분석의 결과와 일치하는 것이다. 이러한 결과는 내부 정보시스템 요인의 만족도가 낮을수록 제휴참여 시 지분의 참여도를 높이는 효과가 있음을 의미한다고 할 수 있다. 이러한 분석결과에 따라 본 연구에서 설정한 가설 2는 지지된다고 할 수 있다. 그러나 정보화 위험요인이 제휴의 지분참여도에 미치는 영향은 예측한 바와는 달리 통계적으로 유의하지 않은 것으로 나타났기 때문에 가설 5는 채택되지 않는다.

3) 기업 정보화 요인이 제휴유형 선택에 미치는 영향

정보시스템 관련 변수들(정보의 품질수준, 정보시스템 지원수준, 정보시스템 비용효과) 및 정보화 위험 관련 변수들(핵심역량 상실위험, 비용증가위험, 안전성 위험)과 제휴의 유형 선택 간의 관계에 관한 연구가설들을 정리하여 보면 아래의 표와 같다.

<표 V-18> 기업 정보화 요인과 제휴의 유형 선택 간의 연구가설

가설 3	기업 내부 정보시스템에 대한 만족도가 낮을수록, 제휴유형 가운데 합작투자방식을 선택할 가능성이 높을 것이다.
가설 3-1	기업 내부 정보시스템의 품질수준에 대한 만족도가 낮을수록, 합작투자방식의 제휴유형을 선택할 가능성이 높아질 것이다.
가설 3-2	기업 내부 정보시스템의 지원수준에 대한 만족도가 낮을수록, 합작투자방식의 제휴유형을 선택할 가능성이 높아질 것이다.
가설 3-3	기업 내부 정보시스템의 비용효과가 만족스럽지 못할수록, 합작투자방식의 제휴유형을 선택할 가능성이 높아질 것이다.
가설 6	정보화 관련 위험도가 클수록, 제휴유형 가운데 기능별 제휴를 선택할 가능성이 높을 것이다.
가설 6-1	정보화 관련 핵심역량 상실위험의 정도가 클수록, 해당기업은 제휴유형 가운데 기능별 제휴를 선택할 가능성이 높을 것이다.
가설 6-2	자체적인 기업 정보화보다 제휴 시 정보화 소요예산에 대한 증가위험의 정도가 클수록, 해당기업은 제휴유형 중에 기능별 제휴를 선택할 가능성이 높을 것이다.
가설 6-3	제휴 시 정보시스템의 안전성 위험이 커질수록, 해당기업은 제휴유형 중에 기능별 제휴를 선택할 가능성이 높을 것이다.

〈표 V-19〉는 정보시스템 변수에 대한 국제 전략적 제휴를 맺고 있는 기업의 독립된 두 집단 간, 즉 합작투자관계를 맺고 있는 기업과 기능별 제휴를 맺고 있는 기업 간의 차이점을 검증한 결과이다.

<표 Ⅴ-19> 합작투자/기능별 제휴 체결 기업 간의 정보시스템 변수에 대한 T 검증결과

독립변수 \ 종속변수	제휴의 유형	N	Mean	S.D.	t-value	유의확률
품질수준	합작투자	49	2.97	0.44	4.21	0.0001***
	기능별 제휴	81	3.81	0.65		
내부 정보시스템의 지원수준	합작투자	49	3.01	0.57	3.18	0.0421*
	기능별 제휴	81	3.59	0.49		
내부 정보시스템의 비용효과	합작투자	49	2.93	1.77	3.22	0.0003*
	기능별 제휴	81	3.72	1.37		
핵심역량 상실위험	합작투자	49	3.13	0.47	0.78	0.2742
	기능별 제휴	81	3.44	0.52		
비용증가위험	합작투자	49	2.63	0.55	2.07	0.0055**
	기능별 제휴	81	3.46	0.82		
안전성 위험	합작투자	49	3.13	0.35	0.67	0.217
	기능별 제휴	81	3.07	0.28		

*p 〈 0.1, **p 〈 0.01, ***p 〈 0.001

 T 검증의 결과, 6개의 변수 중 내부 정보시스템 관련의 3개 변수는 모두 통계적으로 유의한 차이를 보이고 있으며, 합작투자를 체결하고 있는 기업의 평균보다 기능별 제휴방식을 선택한 기업들의 평균이 모두 높은 것으로 나타나, 합작투자방식을 선택한 기업들의 정보시스템 요인 관련 만족도가 낮은 것으로 나타나 정보시스템 요인과 제휴의 유형 선택과 관련된 연구가설 3은 지지되고 있으며, 정보시스템의 품질수준, 정보시스템 지원수준, 비용효과 등과 관련된 연구가설 3-1, 3-2, 3-3도 역시 지지되었다. 이는

정보시스템 관련 요인이 제휴의 유형 선택에 영향을 결정요인임을 입증하는 것이라 할 수 있다. 또한 정보화 위험 관련의 3개의 변수 중, 안전성 위험은 통계적으로도 유의하지 않은 결과를 보였을 뿐 아니라, 연구가설과 반대의 결과를 보여 기각되었으며, 핵심역량 상실위험과 비용증가위험의 경우 합작투자보다 기능별 제휴의 평균이 높은 것으로 나타나 연구가설과 같은 결과를 보였다. 정보화 위험 관련 변수 가운데 비용증가위험만이 통계적으로 유의한 결과를 보임으로, 연구가설인 가설 6-2만이 지지되는 결과를 얻었다.

다시 말해 제휴유형 가운데 합작투자방식을 채택하고 있는 기업은 기능별 제휴방식을 채택한 기업에 비해, 내부 정보시스템의 품질수준, 내부 정보시스템의 지원수준, 내부 정보시스템의 비용대비 효과 및 제휴로 인한 비용증가위험 등에 대한 만족도가 낮은 것으로 나타났는데, 이는 자체적인 노력으로 기업 정보화를 추진하는 것보다, 제휴를 통하여 이를 추진하는 것이 더욱 용이하고 효과적이기 때문으로 해석할 수 있다. 그 이외의 핵심역량 상실위험이나 안전성 위험 등은 기업의 제휴유형 선택 시에 큰 영향을 미치지 못하는 것으로 분석되었다.

〈표 V-20〉은 기업 정보화 요인이 기업의 전략적 제휴유형 선택에 어떠한 영향을 미치는가를 검증한 결과이다.

<표 Ⅴ-20> 기업 정보화 요인과 제휴유형 간의 회귀분석 결과

(N=130)

종속변수\독립변수	제휴유형	
	회귀계수(B)	T 값
(상수)	3.836	10.143***
품질수준	-0.329	-2.063**
시스템의 지원수준	-0.259	-1.684*
비용효과	-0.405	-3.411***
핵심역량 상실위험	2.481E-02	0.330
비용증가위험	-0.132	-1.416*
안전성 위험	8.224E-02	1.104
R-Square=0.624 Adjusted R-Square=0.598		
F=23.799 Signif F=0.000		

*p < 0.1, **p < 0.05, ***p < 0.01

변수들 간의 상대적 중요성을 분석하고 중요한 원인변수를 파악하기 위하여 다중회귀분석을 실시하였는데, 기업 정보화와 관련된 6개의 독립변수 중 핵심역량 상실위험과 안전성 위험은 유의성이 없는 것으로 나타났으며, 나머지 4개의 독립변수는 유의성이 있는 것으로 조사되었으며 회귀계수인 Beta 값의 부호가 음으로 나타났는데, 이는 당초 예측한 바와 같을 뿐 아니라 앞서 실시한 T 검정의 결과와도 일치하는 것이다.

따라서 기업의 제휴유형 선택에 중요한 영향을 미치는 원인변수로는 내부 정보시스템의 품질수준, 지원수준, 비용효과 등 정보시스템 요인 전부와 정보화 위험요인 가운데 비용증가위험 등 모

두 4개의 변수인 것으로 분석되었다. 다시 말해, 내부 정보시스템에 관한 만족도가 낮거나, 제휴를 통하여 정보화 관련 비용의 증가할 위험도가 낮은 경우 해당기업은 기능별 제휴보다는 합작투자방식을 선호하고 있는 것으로 해석할 수 있다. 이러한 분석결과는 제휴유형 선택 시 내부 정보시스템의 만족도와 제휴파트너가 보유하고 있는 정보시스템의 만족도가 제휴유형 선택 시 주요 결정요인으로 작용하고 있음을 의미하는 것으로서, 제휴파트너가 상호 보완적인 정보시스템을 보유하고 있는가의 여부가 제휴유형 선택에 매우 큰 영향을 미칠 수 있음을 시사해 주는 것이라고 할 수 있다. 그러나 분석의 결과 핵심역량 상실위험과 안전성 위험은 유의적인 영향을 미치지 않는 것으로 나타났는데, 이는 국내기업들이 기업 정보화 관련부문에 있어서 외국기업과 비교하여 아직도 뚜렷한 핵심역량을 보유하고 있지 못할 뿐 아니라, 기술제휴와 같이 단기적이고, 몰입의 정도가 낮은 형태의 제휴의 비중이 높기 때문으로 사료된다. 다만, 앞서 시행하였던 상관분석 시 독립변수들 간에 상당히 강한 상관관계를 보임으로써 다중공선성의 문제가 제기되었기 때문에 이의 해결 및 보완을 위한 분석이 필요할 것으로 판단된다.

아래의 〈표 V-21〉은 앞서 제기되었던 다중공선성 등의 문제점의 해결 및 보완과 연구가설 3과 6의 검증을 위하여 실시한 정보시스템 요인 및 정보화 위험요인과 제휴의 유형 간의 다중회귀분석의 결과이다.

<표 V-21> 정보시스템 요인 및 정보화 위험요인과 제휴의 유형 간의 회귀분석 결과

(N=130)

종속변수 독립변수	제휴의 유형	
	회귀계수(B)	T 값
(상수)	4.033	11.728***
정보시스템 요인	-1.126	-10.214***
정보화 위험요인	3.080E-02	0.248
R-Square=0.608 Adjusted R-Square=0.600 F =69.901 Signif F=0.000		

*p〈0.1, **p〈0.05, ***p〈0.01

　분석의 결과 정보시스템 요인은 통계적으로 유의적인 것으로 나타났으며, 회귀계수의 부호 역시 예측한 바와 같이 음의 부호를 나타냈는데, 이는 앞서 시행한 T 검정 및 다중회귀분석의 결과와 일치하는 것이다. 이러한 결과는 내부 정보시스템 요인의 만족도가 낮을수록 합작투자방식을 선호한다고 할 수 있다. 이러한 분석 결과에 따라 본 연구에서 설정한 가설 3은 지지된다고 할 수 있다. 그러나 정보화 위험요인이 제휴의 유형에 미치는 영향은 예측한 바와는 달리 통계적으로 유의하지 않은 것으로 나타났기 때문에 가설 6은 채택되지 않는다고 할 수 있다.

4) 파트너 간 친밀도 및 지분참여도와 제휴유형 간의 관계

〈표 Ⅴ-22〉는 제휴파트너 간의 친밀도 및 제휴의 지분참여도와 전략적 제휴의 유형 선택 간의 관계에 관한 가설을 나타낸 것이다.

<표 Ⅴ-22> 제휴파트너 간 친밀도 및 지분참여도와 제휴유형 간의 연구가설

가설 7-1	제휴파트너 간 친밀감의 정도가 높을수록 합작투자방식을 선택할 가능성이 높을 것이다.
가설 7-2	제휴의 유형을 합작투자방식을 채택하고 있는 기업 간의 친밀도는 기능별 제휴방식을 채택하고 있는 기업보다 높을 것이다.
가설 8-1	제휴의 지분참여의 정도는 기업이 선택하게 되는 제휴의 유형과 관계가 있다.
가설 8-2	합작투자방식은 기능별 제휴보다 지분참여의 정도가 더 높다고 볼 수 있다.

아래의 〈표 Ⅴ-23〉은 제휴파트너 간 친밀도와 지분참여도가 제휴유형 선택에 미치는 영향, 즉 가설 7-1, 7-2, 8-1, 8-2를 검증하기 위하여 다중회귀분석을 실시한 결과들을 보여 주고 있다. 앞에서 설명한 바와 같이, 제휴의 유형은 합작투자와 기능별 제휴의 두 가지로 분류하였으며, 제휴파트너 간 친밀도 및 지분참여도와 제휴유형 간에는 상호 영향을 미치는 것으로 가정하였다.

<표 V-23> 파트너 간 친밀도 및 지분참여도와 제휴유형 간의
회귀분석 결과

(N = 130)

독립변수 / 종속변수	제휴의 유형	
	회귀계수(B)	T 값
(상수)	-0.557	-9.825***
친밀도	0.265	8.494***
지분참여도	0.110	3.135***
R-Square=0.829 Adjusted R-Square=0.825 F =217.576 Signif F=0.000		

*p ⟨ 0.1, **p ⟨ 0.05, ***p ⟨ 0.01

다중회귀분석의 결과 제휴파트너 간의 친밀도 및 지분참여도는
통계적으로 유의적인 영향을 미치고 있는 것으로 나타났으며, 제
휴의 유형 선택에 미치는 영향이 정의 값(표준화된 회귀계수인
Beta 값의 기울기)인 것으로 조사되었다. 따라서 파트너 간 친밀
도가 높거나 제휴 관련 지분참여도가 높을수록 해당기업은 기능
별 제휴보다는 합작투자방식을 선택할 가능성이 높으며, 반대로
합작투자방식의 제휴유형을 선택한 기업이 기능별 제휴를 채택하
고 있는 기업과 비교하여 파트너 간 친밀도와 지분참여도가 높다
고 할 수 있다. 그러므로 실증조사 결과는 가설 7-1, 7-2 및 가설
8-1, 8-2를 지지해주고 있다고 할 수 있다.

이는 기능별 제휴의 경우 대체로 지분참여 없이 그 기업이 수
행하는 여러 업무 분야의 일부에서 주로 계약과 거래에 의해 외
국기업과 협조관계를 맺고 있기 때문에 지분참여도 및 파트너 간

친밀도가 합작투자에 비해 낮을 수밖에 없으므로 나타난 결과라 할 수 있다.

4. 연구가설의 검증결과의 요약

앞에서 분석한 본 연구의 가설검증결과를 요약하면 다음과 같다. 먼저 기업 정보화 요인이 제휴파트너 간 친밀도에 미치는 영향과 관련해서는 가설 1과 가설 1-2, 1-3, 그리고 가설 4-2가 지지되었다. 그러나 내부 정보시스템의 품질수준이 제휴파트너 간 친밀도에 미치는 영향에 관한 가설 1-1과 핵심역량 상실위험이 파트너 간 친밀도에 미치는 영향에 관한 가설 4-1은 예측한 바와 달리 통계적으로 유의하지 않은 것으로 나타나 지지되지 못하였으며, 가설 4-3은 통계적으로는 유의한 것으로 나타났으나 회귀계수인 Beta 값이 예측한 방향과 다르게 나타나 지지되지 못하였으며, 정보화 위험이 파트너 간 친밀도에 미치는 영향에 관한 가설 4는 회귀계수인 Beta 값은 예측한 바와 같은 방향으로 나타났으나 통계적 유의성의 부족으로 역시 지지되지 못하였다.

다음으로 기업 정보화 요인이 제휴의 지분참여도에 미치는 영향과 관련해서는 내부 정보시스템과 관련된 가설 2, 가설 2-1, 가설 2-2, 가설 2-3, 그리고 비용증가위험과 관련 가설 5-1이 실증분석 결과 지지되는 것으로 조사되었다. 그러나 정보화 위험 관련 가설인 가설 5는 통계적 유의성 부족으로, 핵심역량 상실위험 및 안전성 위험 관련 가설인 가설 5-2, 가설 5-3은 통계적인 유의성도 없으며, 표준화된 회귀계수인 Beta 값도 예측한 방향과 반대로 나타나 실증조사 결과에 의해 각각 지지되지 않았다.

기업 정보화 요인이 전략적 제휴의 유형 선택에 미치는 영향과 관련해서는 내부 정보시스템 관련 변수들인 가설 3, 가설 3-1, 가설 3-2, 가설 3-3과 비용증가위험 관련 변수인 가설 6-2가 실증분석 결과 각각 지지되는 것으로 조사되었으며, 가설 6, 가설 6-1, 가설 6-3은 통계적 유의성 부족 및 회귀계수인 Beta 값의 예측방향과의 불일치로 각각 기각되었다.

마지막으로 기업 정보화 요인과 제휴유형 선택의 문제를 보다 명확하게 측정하기 위하여 다수의 선행연구들에서 기업의 전략적 제휴유형 선택에 영향을 미치는 주요 결정요인인 것으로 파악되었던 제휴 지분참여도 및 제휴파트너 간 친밀도와 제휴유형 간의 관계와 관련해서는 파트너 간 친밀도와 관련된 가설 7-1과 7-2 그리고 지분참여의 정도와 관련된 가설 8-1 및 8-2에 이르기까지 실증분석 결과에 의해 지지되는 것으로 조사되었다.

<표 V-24> 연구가설 검증결과의 요약

연구가설	내 용	예측방향	분석결과
가설 1	내부 정보시스템 만족도→제휴파트너 간 친밀도	–	지지
가설 1-1	내부 정보시스템 품질수준→친밀도	–	기각
가설 1-2	내부 정보시스템 지원수준→친밀도	–	지지
가설 1-2	내부 정보시스템 비용효과→친밀도	–	지지
가설 2	내부 정보시스템 만족도→제휴의 지분 참여도	–	지지
가설 2-1	내부 정보시스템 품질수준→지분참여도	–	지지
가설 2-2	내부 정보시스템 지원수준→지분참여도	–	지지
가설 2-3	내부 정보시스템 비용효과→지분참여도	–	지지
가설 3	내부 정보시스템 만족도→제휴의 유형 선택	–	지지
가설 3-1	내부 정보시스템 품질수준→제휴의 유형 선택	–	지지
가설 3-2	내부 정보시스템 지원수준→제휴의 유형 선택	–	지지
가설 3-3	내부 정보시스템 비용효과→제휴의 유형 선택	–	지지
가설 4	정보화 관련 위험도→제휴파트너 간 친밀도	–	기각
가설 4-1	핵심역량 상실위험→친밀도	–	기각
가설 4-2	비용증가위험→친밀도	–	지지
가설 4-2	안전성 위험→친밀도	–	기각
가설 5	정보화 관련 위험도→제휴의 지분참여도	–	기각
가설 5-1	핵심역량 상실위험→지분참여도	–	기각
가설 5-2	비용증가위험→지분참여도	–	지지
가설 5-3	안전성 위험→지분참여도	–	기각
가설 6	정보화 관련 위험도→제휴의 유형 선택	–	기각

연구가설	내 용	예측방향	분석결과
가설 6-1	핵심역량 상실위험→제휴의 유형 선택	–	기각
가설 6-2	비용증가위험→제휴의 유형 선택	–	지지
가설 6-3	안전성 위험→제휴의 유형 선택	–	기각
가설 7-1	파트너 간 친밀도→전략적 제휴유형	–	지지
가설 7-2	전략적 제휴→파트너 간 친밀도	–	지지
가설 8-1	제휴의 지분참여 정도→제휴유형	–	지지
가설 8-2	제휴유형→제휴의 지분참여 정도	–	지지

VI. 결 론

1. 연구결과의 요약 및 시사점

1980년대 중반 이후 전략적 제휴는 기업의 생존과 성장을 도모할 수 있는 전략적 대안으로서 그 중요성이 점차 강조되고 있다. 이러한 현상은 급변하는 경영 환경과 점차 치열해지는 기업 간 경쟁으로 인한 기업경영의 불확실성이 반영된 결과라 할 수 있다. 즉, 과거와는 달리 어떠한 기업도 경쟁에 필요한 모든 정보와 자원을 소유할 수 없게 됨에 따라 기업 간 협력과 분업이 활발하게 진행되고 있다. 따라서 자신이 보유하지 못한 비대칭적인 정보와 자원을 보유한 다른 기업과의 협력은 필수적인 사항이 되었으며, 경쟁력 강화를 위해서는 경쟁업체와도 제휴를 시도하는 등 이전에는 볼 수 없었던 새로운 양상이 나타나고 있다.

전략적 제휴의 유형 선택은 국제경쟁력 확보를 위한 주요한 전략적 대안이 될 수 있다는 점에서 제휴유형에 영향을 미치는 요인들에 대한 면밀한 분석이 필요하다.

전통적으로 제휴유형 선택은 상거래의 위험요소들에 대한 경제적 분석이나 국가특성 위험요인들에 대한 정치적 분석이 주류를 이루어왔으나 급변하는 현대의 경영 환경을 제대로 반영하기에는 이러한 전통적 제휴 선택의 논리는 한계를 가질 수밖에 없게 되었다.

따라서 향후 경쟁의 중심으로 부상되고 있는 기업 정보화 요인들이 기업의 국제 경쟁우위 확보 및 기업 성과와 밀접한 관련이 있는 제휴유형 선택에 어떠한 영향을 미치는가를 규명하고자 한 본 연구는 매우 큰 의의가 있다고 할 수 있다. 또한, 최근 정보자원을 포함한 모든 자원에 대한 공유 및 이용의 효율성 증대라는 관점에서, 정보를 매개로 한 전략적 제휴의 필요성이 부각되고 있으나, 이에 대한 학문적인 논의가 국내외적으로 매우 부족한 현실에서 학문적 공백을 메우고, 전략적 제휴를 고려하고 있는 해당기업들에게 기업 정보화와 관련한 유용한 지침을 제공할 수 있을 것이라는 점에서 그 의의는 더욱 크다고 하겠다.

실증분석 결과 내부 정보시스템 요인 관련 연구가설들은 거의 대부분 지지되었으며, 정보화 위험요인은 비용증가위험 관련 가설을 제외하고는 대부분 기각되었다. 실증분석의 결과를 구체적으로 살펴보면 다음과 같다.

첫째, 기업 정보화 요인이 제휴파트너 간 친밀도에 미치는 영향과 관련한 연구가설 가운데 가설 1과 가설 1-2, 1-3, 그리고 가설 4-2가 지지되었다. 그러나 내부 정보시스템의 품질수준이 제휴파트너 간 친밀도에 미치는 영향에 관한 가설 1-1과 핵심역량 상실위험이 파트너 간 친밀도에 미치는 영향에 관한 가설 4-1, 안전성 위험 관련 가설인 가설 4-3은 각각 기각되었다.

둘째, 기업 정보화 요인이 제휴의 지분참여도에 미치는 영향과 관련해서는 내부 정보시스템과 관련된 가설 2, 가설 2-1, 가설 2-2, 가설 2-3, 그리고 비용증가위험과 관련 가설 5-1은 지지되는 것으로 조사되었다. 그러나 정보화 위험 관련 가설인 가설 5, 핵심역량 상실위험 및 안전성 위험 관련 가설인 가설 5-2, 가설 5-3은 각각 지지되지 않았다.

셋째, 기업 정보화 요인이 전략적 제휴의 유형 선택에 미치는 영향과 관련해서는 내부 정보시스템 관련 변수들인 가설 3, 가설 3-1, 가설 3-2, 가설 3-3과 비용증가위험 관련 변수인 가설 6-2는 지지되었으며, 가설 6, 가설 6-1, 가설 6-3은 각각 기각되었다. 정보화 위험요인 가운데 비용증가위험만이 유의적인 것으로 나타난 이유는 기업 정보화를 구축하기 위하여 소요되는 예산의 규모가 매우 크기 때문에 제휴와 관련된 잠재적 비용증가위험이 제휴유형 선택이라는 의사결정의 주요한 고려대상이 되고 있기 때문으로 판단된다. 그러나 핵심역량 상실위험과 안전성 위험은 유의적이지 않은 결과를 보였는데 이는 대다수의 국내기업들이 뚜렷한 핵심역량을 보유하고 있지 못하고 있으며, 제휴의 목적이 주로 파트너의 기술 및 지식기반역량의 학습 등에 있음으로 상대적으로 긴밀도가 낮으며, 단기적인 형태의 제휴에 집중하고 있기 때문으로 해석할 수 있다.

마지막으로 제휴 지분참여도 및 제휴파트너 간 친밀도와 제휴유형 관계와 관련해서는 파트너 간 친밀도와 관련된 가설 7-1과 7-2 그리고 지분참여의 정도와 관련된 가설 8-1 및 8-2 등 네 개의 가설 모두가 지지되는 것으로 조사되었는데, 이는 선행연구들의 결과와 일치하는 것이다.

본 연구의 실증분석 결과에 따른 학문적·전략적 시사점으로는 첫째, 기업 정보화 요인이 기업의 제휴유형 선택에 판단기준이 될 수 있다는 점이다. 예를 들어 기업 내부 정보시스템의 품질수준은 제휴유형에 유의적인 영향을 미치는 요인일 뿐 아니라, 기능별 제휴를 선택한 경우보다 합작투자를 선택한 경우에 만족의 정도가 더 높은 것으로 조사되었다. 이러한 실증조사 결과는 각 기업의 제휴유형 선택 시에 기업 정보화 요인이 영향을 미칠 것이라는 본 연구의 가정을 기본적으로 지지해 주는 결과라 할 수 있다. 따라서 기업들은 제휴와 관련된 의사결정 과정에 있어서 기업 정보화 요인들이 보다 적극적으로 고려되어야 할 것으로 판단된다. 다만, 기업들이 직면하게 되는 여건과 환경에 따라 기업 정보화 요인이 미치는 영향이 달라질 수 있으므로 이들을 고려한 종합적인 의사결정이 이루어져야 하겠다.

둘째, 국내기업들은 아직도 합작투자와 같이 장기적이고, 몰입의 정도가 높은 형태의 제휴보다는 기술제휴, 라이센싱과 같은 지분의 참여가 없거나 적음으로 부담이 적고 단기적인 형태의 제휴에 치중하고 있음을 알 수 있었다. 또한 기업 정보화와 관련된 핵심 역량을 갖추고 있는 기업도 거의 없음으로, 제휴가 체결되는 과정 및 체결 이후에 이르기까지 주도적인 역할을 감당하지 못한다는 사실을 알 수 있었다. 따라서 제휴의 시너지를 높이고, 보다 높은 성과를 달성하기 위해서는 단기적이고 몰입의 정도가 낮은 형태의 제휴유형을 선택하기보다는 합작투자와 같이 지분형의 제휴관계를 선택하는 것이 필요하다고 할 수 있다. 또한 향후 제휴수행에 있어 주도권을 가지고, 보다 높은 이윤과 성과를 달성하기 위해서는 기업 내부역량을 높이고, 경쟁적 우위를 확보하는 노력이 선행되어야 할 것이다. 우리나라 기업들은 이익과 경쟁력의 원천이 되는 자체 핵심역량을 보유하지 못한 상황이라면 제휴사업을 주도할 수도 없고 제휴관계도 오래가지 못한다는 사실을 잊지 말아야 할 것이다.

셋째, 본 연구에서 제시한 정보화 위험요인들은 비록 실증분석을 통하여 일부 요인이 통계적으로 유의적이지 못한 것으로 조사되기는 하였으나, 모든 요인들이 제휴를 실행하는 과정에서 실제 발생할 수 있는 위험요소들이므로, 이들에 대한 적절한 고려가 수반된다면 제휴실행 과정에서 발생될지도 모를 위험에 대한 적응력을 향상시킬 수 있어 성공적인 전략적 제휴수행에 도움이 될 수 있을 것으로 판단된다.

마지막으로 본 연구에서는 제휴파트너 간 친밀도 및 제휴 지분 참여도와 제휴의 유형 간에 상호 영향을 미칠 수 있다는 점을 이론적으로 뿐 아니라 실증적으로 보여주었다. 즉, 제휴의 유형 선택에 따라 제휴파트너 간 친밀도와 지분참여도가 달라질 수 있으며, 반대로 기존의 파트너 간 친밀도와 지분참여도에 따라 향후 제휴의 유형이 결정될 수 있으므로 현재 다소 제휴관계에 불만이 있다 하더라도 상호 인내를 가지고 점차 다른 유형으로 변형시켜 나간다면 상호 이익이 균형적으로 보장된 가장 바람직한 제휴가 될 수 있을 것이다.

이러한 연구결과는 국내기업들이 보다 치열해지는 경쟁과 새로운 경영 환경 속에서 성장에 필요한 자원을 효과적으로 확보하고 이를 활용하기 위해서는 자신에게 적합한 전략적 제휴유형을 선택하여 활용할 필요가 있다는 점과 함께 이러한 의사결정 과정에서 기업 정보화 요인이 판단의 기준이 될 수 있으며, 이들 요인들을 어떻게 활용하느냐에 따라 기업의 경쟁력 및 제휴의 성과가 달라질 수 있음을 시사한다고 할 수 있다. 이러한 점에 기초하여 국내기업들은 제휴와 관련된 의사결정 과정에 있어서 기업 정보화 요인들을 보다 적극적으로 고려하여 자사에 적합한 제휴유형을 선택하려는 노력이 필요할 것으로 판단된다.

2. 연구의 한계점과 향후 연구에의 제언

본 연구는 우리나라 기업의 기업 정보화 요인과 관련된 국제 전략적 제휴유형 선택과의 관계를 파악하기 위하여, 기업 정보화와 관련된 선행연구들을 고찰하고, 국내기업들을 대상으로 정보화 변수들과 제휴유형 선택 간의 관계에 관한 가설들을 실증적으로 검증해 봄으로써 앞서 언급한 바와 같은 다양한 학문적·실무적 시사점들을 제공할 수 있었다. 특히, 지금까지 국내·외적으로 기업 정보화 요인을 주요 변수로 채택한 전략적 제휴에 관한 연구들이 매우 부족하였다는 점에서, 향후 국내기업들의 국제 전략적 제휴활용 시 학문적 또는 실무적인 기초를 제시해 줄 수 있었다는 점에서 본 연구는 매우 중요한 의의를 가진다고 판단된다.

그러나 이 같은 여러 가지 학문적·실무적인 공헌에도 불구하고, 기존의 연구들이 크게 관심을 두어 오지 않았던 분야에 관한 연구였다는 점에서 여러 가지 한계를 지닐 수밖에 없음도 사실이다. 이 같은 탐색적 연구로서의 한계는 본 연구의 결과들을 일반화시키는 데 많은 문제점이 있을 수 있으며, 향후 연구에서 본 연구의 이 같은 문제점을 보완하는 보다 다양한 각도의 심층적 연구가 필요함을 의미한다고 하겠다.

본 연구에서 나타난 주요 한계점과 향후 연구과제는 다음과 같다.

첫째, 표본수집에 있어 응답자를 제한하였으며, 산업별로 구분하지 않고 전체를 하나의 표본으로 삼아 연구를 진행한바, 기업규모, 제휴체결 국가 및 산업별 등 여러 가지 특성을 고려한 보다 세밀한 분석이 이루어지지 못하였다. 또한 연구를 일반화하기에는 설문지가 부족한 감이 없지 않다. 따라서 향후 연구에서는 더 많은 표본의 수를 확보한 후 기업규모별, 업종별, 제휴 체결기업의 소재국별 등 각각의 특성을 고려한 보다 심층적인 연구가 이루어질 수 있도록 노력하여야 할 것이다.

둘째, 본 연구는 독립변수와 종속변수와의 관계 사이에 영향을 미치는 매개변수를 부분적으로 고려하였으나, 너무나도 단순한 형태로서 보다 심층적인 분석이 이루어지지 못하였다. 따라서 향후 연구에서는 전략적 제휴의 제휴유형 선택에 영향을 미치는 보다 실질적인 매개변수에 대한 고려가 있어야 할 것으로 보인다.

셋째, 본 연구는 기업 정보화 요인을 전략적 제휴유형 선택의 결정요인으로만 국한시켜 수행되었는바, 이에 대한 연구의 확장이 필요하다. 특별히 향후 연구에서 논의된 요인에 전략적 제휴의 성공요인, 업종별 분석, 제휴와 다양한 기업전략과의 관계 등이 포함된 통합된 모형으로 발전시켜나갈 필요성이 있다.

마지막으로 본 연구는 제휴유형 선택의 그 다음 단계인 이 같은 전략적 선택이 제휴의 성과에 미치는 영향까지는 규명하지 못하였다. 따라서 앞으로의 연구에서는, "결정변수→전략적 제휴유형 선택→제휴의 성과"로 이어지는 전반적 흐름에 관한 이해를 도모할 수 있도록 해야 할 것이다.

이상과 같은 본 연구에서의 한계점을 극복하는 동시에 상술한 바와 같은 향후 연구과제를 수정·보완하는 지속적인 연구가 수행됨으로서, 국제 전략적 제휴 전반의 학문적·실무적 영역을 더욱 확대시킬 것을 기대해본다.

참고문헌

1) 국내문헌

(1) 단행본

기업 정보화지원센터, 「2002 기업 정보화 수준평가 결과보고서」, 2002.

권영철 편저, 「무한경쟁시대의 전략적 제휴」, 김영사, 1994.

대한상공회의소, 한국경영학회, 『한국기업의 국제경쟁력 강화를 위한 국제 네트워크 구축전략』, 1994. 11.

박동준 역, 「제휴의 전략경영」, 소프트전략경영연구원, 1994.

백주현, 천세학, 「디지털경제와 e-비즈니스」, 도시출판 두남, 2001.

어윤대 외, 「국제경영」, 학현사, 2002.

유대근, 권영식 공저, 통계분석을 위한 SPSSWIN 8.0, 도서출판 기한재, 1999.

이덕실 역 , 「협력경영-글로벌시대의 제휴전략」, 소프트전략경영연구원, 1995.

이준한, 윤상환, 정기억, 「디지털 혁명 e-비즈니스」, OK Press, 2003. 3.

이칠 역, 「글로벌 기업의 핵심역량」, The Economic Intelligence Unit, 사계절, 1994.

이항구, 이영주, 「한·미 기업 간 전략적 제휴」, 산업연구원, 1994. 8.

장대환, 「국제기업협상」, 김영사, 1989.

장세진, 「글로벌경영」, 박영사, 2001.

장세진, 「글로벌 경쟁시대의 경영전략」, 3판, 박영사, 2003. 2.

전경태, 서민교, 서준석, 「국제경영」, 학현사, 2003.

조동성 편저, 「선진국으로 가는 지름길 국가경쟁력」, 매일경제신문사, 1994.

채서일, 「마케팅조사론」, 학현사, 1997.

한국무역협회, 「전략적 제휴의 실태와 활용방안」, 한국무역협회, 1993.

(2) 학위논문

고혜석, "인터넷 기업의 전략적 제휴의 성과에 대한 연구", 연세대학교 대학원 석사학위논문, 2001. 12.

기노경, "대기업과 벤처기업의 전략적 제휴 성공요인에 관한 연구 -벤처기업을 대상으로", 연세대학교 대학원 석사학위논문, 2000. 12.

김동희, "네트워크 특성이 인터넷 기업의 전략적 제휴성과에 미치는 영향", 가톨릭대학교 대학원 석사학위논문, 2001. 6.

김이태, "전략적 제휴의 유형 선택에 관한 연구-국제제휴기업을 중심으로", 청주대학교 대학원 박사학위논문, 1995.

박준우, "전략적 제휴가 기업가치에 미치는 영향에 관한 연구", 계명대학교 대학원 박사학위논문, 2001. 6.

박준용, "벤처기업의 전략적 제휴 지배구조 선택과 성과 간의 관계", 한양대학교 대학원 박사학위논문, 2001. 6.

백형엽, "한국기업의 국제전략 제휴성과 결정요인에 관한 실증적 연구", 전남대학교 대학원 박사학위논문, 2002.

송우용, "국제 전략적 제휴의 성공 결정요인에 관한 연구", 충남대학교 대학원 박사학위논문, 1997.

양경식, "정보기술 아웃소싱의 위험요소와 성과 간의 관계에 관한 탐색연구", 국민대학교 대학원 박사학위논문, 2002. 12.

여경철, "전략적 제휴의 사업성과 결정요인에 관한 연구: 조직 간 갈등과 상호작용을 중심으로", 중앙대학교 대학원 박사학위논문, 2001. 12.

이근화, "정보시스템 실행의 성공 요인에 관한 연구", 충북대학교 경영대학원 석사학위논문, 2000. 8.

이현식, "우리나라 EDI 채택 기업의 국제전략 경영성과에 관한 연구", 한국외국어대학교 대학원 박사학위논문, 1997. 2.

조정윤, "자원특성이 인터넷기업의 전략적 제휴형성에 미치는 영향", 가톨릭대학교 대학원 석사학위논문, 2001. 2.

함명애, "한국 자동차 산업의 전략적 제휴 활성화 방안", 숙명여자대학교 대학원 석사학위논문, 1999. 2.

황세욱, "국제 전략적제휴의 형성요인별 성과에 관한 실증적 연구 - 국내 제조기업을 중심으로", 동국대학교 대학원 박사학위논문, 2000.

(3) 기타 논문 및 자료

강태구, 백형엽, "한국 중소기업 국제전략 제휴성과 결정요인에 관한 연구", 국제통상연구, 제8권 제1호, 한국국제통상학회, 2003. 5.

권영철, "국제합작제휴의 파트너쉽 결정요인과 성과에 관한 실증연구", 경영저널, 제2권 제1호, 한국경영학회, 2001.

김영곤, "패러다임 전환기의 신조직기술: 전략적 제휴의 동기, 유형 및 경영의사결정", 국제경영학회 제2차 학술논문대회 논문집, 1992.

김용만, 이태열, "전략적 제휴에서 관리요소와 성과 간 구조적 관계에 대한 연구", 국제경영리뷰, 제7권 제1호, 한국국제경영관리학회, 2003. 6.

김주헌, "국제 전략적 제휴에서의 파트너 간 유사성이 제휴의 결과에 미치는 영향", 국제경영연구 제13권, 제1호, 한국국제경영학회, 2002. 6.

김종민, 김성국, 권혁기, "정보시스템 아웃소싱 결정요인에 관한 확인적 연구", 한국OA학회 논문집, 제5권 제4호, 한국OA학회, 2000. 12.

김치호, "전략적 제휴에 관한 이론적 연구", 경영과학연구 제29집, 강원대학교 경영연구소, 2003. 6.

김치호, "전략적 제휴 성공 결정요인에 관한 연구: 기업 정보화 관련 요소를 중심으로", 창업정보학회지 제6권 제2호, 한국창업정보학회, 2003. 8.

노형봉, 서윤주, "전략적 제휴가 기업가치에 미치는 영향에 관한 연구", 국제경영연구 제12권, 제1호, 한국국제경영학회, 2001. 6.

박기남, 김종원, "전략적 제휴를 위한 공적 e-Hub 구축과 사회 관계망의 활용에 관한 연구", 경영과학 제20권 제1호, 한국경영과학회, 2003. 5.

박두규, 박희정, 한창수, "기업 간 제휴전략: 선진사례를 중심으로", 삼성경제연구소, 1992.

박의범, 김치호, "전략적 제휴 결정요인에 관한 연구: 기업 정보화 관련 요소를 중심으로", 한국국제경영관리학회 2003년도

추계학술연구발표회 발표논문집, 2003. 11.

백형엽, "한국기업의 對 미·일 기업 간 전략적 제휴에 있어서 제휴성과에 미치는 요인에 관한 비교연구", 무역학회지, 제28권 제4호, 한국무역학회, 2003. 9.

심규열, 이현기, 김우현, "통합물류정보시스템의 활용이 물류성과에 미치는 영향에 관한 연구", 마케팅과학연구, 제8집, 한국마케팅과학회, 2001. 12.

안종석, "합작선 상호간의 기회주의 억제와 합작성과에 관한 연구", 경영학 연구, 제24권 제2호, 한국경영학회, 1995. 5.

이윤철, "전략적 경영의 학술적 발전과정", 1997년 한국 전략경영학회 창립학술 연구발표회, 1997.

이윤철, 이동현, "첨단기술산업에서 후발기업의 catch-up 전략에 관한 연구", 전략경영연구 제2권 제1호, 한국전략경영학회, 1999.

조대우, 송우용, "전략적 제휴의 경영전략적 논리에 관한 개념적 연구", 충남대학교 경영논집, 제12권 2호, 1996.

천면중, "정보시스템 기능의 아웃소싱: 상황모델의 실증적 연구", 경영정보학연구, 제4권 2호, 한국경영정보학회, 1994. 12.

홍유수, "전략적 제휴와 기술혁신의 국제화", 대외경제정책연구원, 1994.

2) 외국문헌

Agarwal, S., Ramaswami, S., "Choice of Foreign Market Entry Mode: Impact of Ownership, Location and Internalization Factors", Journal of *International Business Studies*, 1992.

Ajami, R. A., "Global Strategic Alliances: The New Transnationals", Journal of Global Marketing, Vol.5, January/February 1991.

Anderson, E., Gatignon, H., "Modes of Foreign Entry: A Transaction Cost Analysis and Propositions", Journal of International Business Studies, 1986.

Barter, C. A., and Ghoshal, S., Transnational Management, Richard D Irwin. Inc., 1992.

Bleeke, J., & D. Ernst, The Way to in Cross-Border Alliances, Collaborating to Compute, John Wiley & Sons, Inc, 1993.

Buckley, P. J. & M. Casson, "A Theory of Cooperation in International Business", Cooperative Strategies in International Business, 1988.

Burgers, W. P., C. W. L. Hill & W. C. Kim, "A Theory of Global Strategic Alliances: The Case of the Global Auto Industry", Strategic Management Journal, 14(6), 1993.

Cash, McFarlan, Mckenney and Applegate, 「Corporate Information Systems Management: Text and Cases」, 3rd ed., Irwin., 1992.

Cauley de la Sierra, 「Managing Global Alliance」, Addison Wesley, 1995.

Contractor, F. j., and Lorange, P., "Why Should Firms Cooperate? The Strategy & Economics Basis for Cooperative Ventures", Cooperative Strategies in International Business, 1988.

Davis, G. B. and Olson, M. H., 「Management Information System」, McGraw-Hill, 1985.

Devlin, G., and M. Bleakley, "Strategic Alliances-Guideline for

Success", Long Range Planning, Vol.21, no.5, 1988.

Dyer, Jeffrey H. "Effective interfirm collaboration: How firms minimize transaction costs and maximize transaction value", Strategic Management Journal, 18:7, 1997.

Dunning, J. H., Multinationals, Technology and Competitiveness, London Unwin Hyman, 1988.

Ghemawat, P., Porter, M. E. and Rawlinson, R. A., "Pattern of international coalition activity", Competitions in Global Industries, Havard Business School Press, Boston, MA, 1986.

Glaister, K. W. and Buckley, P. J., "Strategic motives for international alliances formation", Journal of Management Studies, 33:3, May, 1996.

Gomes-Casseres, B., "Group Versus Group: How Alliance Networks Compete", Harvard Business Review, 1994.

Gomes-Casseres, B., "Joint Ventures in the Face of Global Competition", Sloan Management Review, Spring 1989.

Gorry, G. A. and Scott Morton, "A Framework for Management Information System", Sloan Management Review, Fal, 1971.

Grönroos, C., "A Service Quality Model and Its Marketing Implication", European Journal of Marketing, Vol.18, no.4, 1984.

Gugler P., "Building Transactional Alliances to Create Competitive Advantage", Long Range Planning, Vol.25, no.1. 1992.

Gulati, R., "Alliances and networks", Strategic Management

Journal, 19, 1998.

Hamel, G., Doz, Y. L. and Prahalad, C. K., "Collaborate with Your Competitors and Win", Harvard Business Review, Jan.-Feb. 1989.

Harrigan, K .R., "Strategic Alliances and Partner Asymmetries", Management International Review, Special Issue, 1988.

Harrigan, K. R., "Strategic Alliances: Their New Role In Global Competition", Colombia Journal of World Business, Summer 1987.

Henderson, A. D., "Plugging into Strategic Partnership: The Critical IS Connection", Sloan Management Journal, 9(4), 1990.

Hennart, J. F., "A Transaction Cost Theory of Equity Joint Ventures", Strategic Management Journal, Vol.9, 1988.

Hergert, M., Morris, D., "Trends in International Collaborative Agreements", Cooperative Strategies in International Business, 1988.

Hill, C. W., P. Hwang, and W. C. KIm, "An Electic Theory of the Choice of International Entry Mode", Strategic management Journal, Vol.11, 1990.

Hoffman, R .C., & J. F. Preble, "Franchising: Selecting A Strategy for Rapid Growth", Long Range Planning, Vol.24, no.4, 1991.

Jarillo, J. C., "On Strategic Networks", Strategic Management Journal, Vol.9, 1988.

Jarillo J. C., & H. H. Stevenson, "Co-operative Strategies-The payoffs and the Pitfalls", Long Range Planning, Vol.24, No.1, 1991.

Jones, G. R., and C. W. L. Hill, "Transaction Cost Analysis of Strategy Structure Choice", Strategic Management Review, Vol.9, 1988.

Jorde, T. M., and D. J. Teece, "Competition and Cooperation: Striking the Right Balance", California Management Review, Spring, 1989.

Kaneko I., and K. Imai, "A Network View of the Firm", Hitotsabashi-Stanford Conference, 1987.

Kanter, R. M., "Collaborative Advantage", Harvard Business Review, July-August 1994.

Kim W.C., P. Hwang, "Global Strategy and Multinationals Entry Mode Choice", Journal of International Business Studies, 1992.

Kogut, B., and H. Singh, "The Effect of National Culture on the Choice of Entry Model", Journal of International Business Studies, 1988.

Kogut, B., "Designing Global Strategies: Comparative & Competitive Value Added Chains", Sloan Management Review, Vol.26, No.4, 1985.

Kogut, B., "Joint Ventures: Theoretical and Empirical perspectives", Strategic Management Journal, Vol.9, 1988.

Konsynski, B.R., "Strategic control in the extended enterprise", IBM Systems Journal, 32(1), 1993.

Lacity, M. C., R. Hirschheim, "The Information Systems Outsourcing

Bandwagon", *Sloan Management Review*, Fall, 1993.

Lapierre, J., "SERVICE QUALITY: The Construct, Its Dimensionality and Its Measurement", Advanced in Services Marketing and Management, Vol.5, 1986.

Lorange, P, "Co-Operative Strategies: Planning and Control Consideration", Strategies in Global Competition, 1988.

Lorange, P., J. Roos, "Why Some Strategic Alliances Succeed and Other Fail", The Journal of Business Strategy, January-February, 1991.

Lynch, R. P., "Building Alliances to Penetrate European Markets", The Journal of Business Strategy, March/April 1990.

Miechael E .P., M. B. Fuller, "Coalitions and Global Strategy", Competition in Global Industries, Harvard Business School press, 1986.

Miller, J. and Doyle, B. A., "Measuring the effectiveness of computer-based information systems in the financial services sectors", MIS Quarterly, Vol.11, 1, 1987.

Mowery, D. C., "Collaborative Ventures between U.S. and Foreign manufacturing Firms-An View", Cooperative Ventures in U.S. Manufacturing, Ballinger, 1988.

Mowery, D. C., J. E. Oxley, and B. S. Silverman, "Strategic Alliances and Interfirm Knowledge Transfer", Strategic Management Journal, Vol.17, 1996.

Nielsen, R. P., "Cooperative Strategy", Strategic Management Journal, 9, 1988.

Ohmae, K., "The global Logic of Strategic Alliance", Harvard Business Review, March-April 1989.

Osborn, R. N., C .C. Baughn, "Forms of Inter-Organizational Governance for Multinational Alliances", Academy of Management Journal, Vol.33, 1990.

Perlmutter, H., & D. Heenan, "Cooperate to compete Globally", Harvard Business Review, March-April, 1986.

Porter, M .E., & M. B. Fuller, "Coalitions and Global Strategy", Competition in Global Industries, Boston: Harvard Business School Press, 1986.

Porter, M. E., Competitive Advantage of Nations, The Free Press, 1990.

Powell, W. W., "Neither Market Nor Hierarchy: Network Forms of Organization", Research in Organizational Behavior, Vol.12, 1990.

Powell T. C., "Organizational Alignment as Competitive Advantage", Strategic Management Journal, Vol.13, 1992.

Robert P. L., "Business Alliance to penetrate European markets", The Journal of Business Strategy, March/April 1990.

Root, F. R., "Some Taxonomies of International Cooperative Arrangement", Cooperative Strategies in International Business, 1988.

Sakakibara, M., "Heterogeneity of firm capabilities and cooperative research and development: An empirical examination of motives", Strategic Management Journal, 18, 1997.

Shan, W., G. Walker, and B. Kogut, "Inter firm Cooperation and Startup Innovation in the Biotechnology Industry", Strategic Management Journal, Vol.15, 1994.

Teece, D. J., "Profiting From Technological Innovation: Implications for Integration, Collaboration, Licensing and Public Policy", The Competitive Challenge: Strategies for Industrial Innovation & Renewal, Cambridge, MA: Ballinger, 1987.

Thorelli, H .B., "Networks: Between Markets and Hierarchies", Strategic Management Journal, Vol.7, 1986.

Walker, G. "Network analysis for cooperative interfirm relationships,", Cooperative Strategies in International Business, 1988.

Wernerfelf, B., "A Resource-Based View of the Firm", Startegic Management Journal, Vol.5, 1984.

Williamson, O. C., Markets and Hierarchies: Analysis and Anti-trust Implicatons, Free Press, macmillan, NY, 1975.

Williamson, O. C., The Economic Imstitutions of Capitalism, NY: The Free Press, 1985.

Williamson, O. E., "Strategizing, economizing, and economic organization", Strategic Management Journal, Vol.12, 1991.

· 저자 ·

김치호
(金致昊)

· 약 력 ·

강원대학교 경영대학 무역학과 졸업
강원대학교 대학원 경영학석사(국제경영학 전공)
강원대학교 대학원 경영학박사(국제경영학 전공)

한국방송통신대학교 조교
한국국제경영관리학회 사무차장
국제지역학회 이사
한국관세학회 이사
강원대, 방송통신대, 중앙대, 한라대, 삼척대, 경인여대 강사
(현) 강원전략산업기획단 선임연구원
　　　삼척대학교 경제통상학과 겸임교수

· 주요논저 ·

「기업 정보화 실태 및 e-비즈니스 확산전략에 관한 연구」
「기업 정보화 요인과 전략적 제휴유형 선택에 관한 연구」
「한국과 몽골 간의 무역 및 투자협력 증진방안에 관한 연구」
「인터넷 쇼핑몰 성공요인에 관한 실증적 연구」
외 다수

21세기 무한경쟁의 생존전략

기업 정보화 요인과 전략적 제휴

· 초판 인쇄	2006년 1월 20일
· 초판 발행	2006년 1월 20일
· 지 은 이	김치호
· 펴 낸 이	채종준
· 펴 낸 곳	한국학술정보㈜
	경기도 파주시 교하읍 문발리 526-2
	파주출판문화정보산업단지
	전화　031) 908-3181(대표) · 팩스　031) 908-3189
	홈페이지　http://www.kstudy.com
	e-mail(e-Book사업부)　ebook@kstudy.com
· 등　　록	제일산-115호(2000. 6. 19)
· 가　　격	10,000원

ISBN　89-534-4482-9 93320 (Paper Book)
　　　　89-534-4483-7 98320 (e-Book)